CATARATA

Deusto
Centro de Ética Aplicada
Etika Aplikatuko Zentroa

Mª Nuria González Rubio, Itziar Galparsoro Manterola
y Ruth Carbajo García

Empresa y transición justa

LA ÉTICA EMPRESARIAL ANTE LOS RETOS DE LA TRANSICIÓN

JAVIER MARTÍNEZ CONTRERAS (EDITOR DE LA COLECCIÓN)

COLECCIÓN INVESTIGACIÓN Y DEBATE
SERIE: COLECCIÓN DIRÉCTICA

ZURBANO, 76
28010 MADRID
TEL. 91 532 20 77
WWW.CATARATA.ORG

EMPRESA Y TRANSICIÓN JUSTA.
LA ÉTICA EMPRESARIAL ANTE LOS RETOS DE LA TRANSICIÓN

ISBN: 978-84-1067-509-4
DEPÓSITO LEGAL: M-575-2026
THEMA: KJG/KFFS/KJJ

ÍNDICE

PRESENTACIÓN DE LA BIBLIOTECA 7

INTRODUCCIÓN A LA OBRA 11

CAPÍTULO 1. ANTECEDENTES 17

Las transiciones sociotécnicas y los modelos de innovación 19
La construcción de las transiciones energéticas 23
La transición justa 24
Conclusiones 34

CAPÍTULO 2. HACIA UN MARCO INTEGRADO DE TRANSICIÓN JUSTA 38

Aplicando la perspectiva ética a un enfoque de transición 38
La ética del cuidado 41
Perspectiva ética de la gobernanza 54
La transición justa como oportunidad en el entorno organizacional 59

CAPÍTULO 3. CAPACIDADES PARA UNA TRANSICIÓN JUSTA INTEGRADA 66

El liderazgo 67
La importancia de la generación de espacios de diálogo 84
Reforzar los procesos de vigilancia ética 85
Hacia la gestión ética de la norma 87

CAPÍTULO 4. EL LABORATORIO DE TRANSICIÓN EN ACCIÓN 96
Los Laboratorios de transición como herramienta de transformación 96
Cómo construir un Laboratorio de transición 97
Laboratorio de transición sobre el cuidado como reto transversal. Un ejemplo de implementación 114

REFLEXIÓN FINAL 135

AGRADECIMIENTOS 139

SOBRE LAS AUTORAS 141

PRESENTACIÓN DE LA BIBLIOTECA

La Biblioteca CEA de Ética Empresarial es una iniciativa puesta en marcha por el Centro de Ética Aplicada de la Universidad de Deusto (CEA). Este centro lleva más de veinte años realizando tareas de investigación y transferencia de conocimiento en distintas líneas relacionadas con la Ética, y muy especialmente en el ámbito de las éticas aplicadas. Uno de los objetivos principales del CEA es la búsqueda de un mejor conocimiento sobre los procesos sociales, políticos y económicos que posibilitan un desarrollo con justicia social y equidad. Desde el horizonte que plantea dicho objetivo, los contenidos de esta Biblioteca se centran específicamente en lo que atañe a los procesos que tienen lugar en la esfera económica y los sujetos que participan en ellos, con especial atención a la empresa como sujeto organizacional y a las personas que, en su desempeño profesional, desarrollan en su seno distintas tareas y asumen diferentes responsabilidades.

El objeto de análisis, por tanto, estará constituido por cuestiones relativas a los tres niveles de articulación social. En primer lugar, el nivel micro, relativo a las personas. En nuestro caso, pondremos el foco en la dimensión profesional, atendiendo a los contenidos propios de las éticas profesionales. En segundo lugar, el nivel meso, el más propiamente organizacional, en el que identificamos un nuevo sujeto (la empresa), que será el centro del análisis ético a lo largo de toda la colección. Finalmente, el nivel macro, constituido por el subsistema social desde el que podremos entender buena parte de los análisis que vayamos desarrollando. La ética, en este nivel, se pregunta por el propio sistema económico y por su capacidad de construir sociedades justas. Un nivel que, es necesario advertir, necesita para su adecuado análisis de una ética social y política que, como se podrá fácilmente comprobar, estará presente en muchos momentos en distintos volúmenes de la biblioteca.

Nuestra experiencia en el desarrollo de distintas iniciativas relacionadas con la ética empresarial, con profesionales y con responsabilidades directivas (seminarios, comunidades de aprendizaje...) nos muestra que no es posible dar recetas o soluciones estándar a los interrogantes éticos que genera la actividad de cualquier organización. También hemos aprendido que la ética empresarial demanda una conducta ética por parte de las personas, pero también dinámicas organizativas que favorezcan la coherencia personal e institucional con los principios éticos. Hemos entendido que ética profesional y ética de la empresa van íntimamente unidas y que ambos sujetos (la persona y la organización) no pueden entenderse adecuadamente sin considerar la mutua implicación y su existencia en el seno de un sistema económico.

Por tanto, una de las opciones fundamentales que incorporamos en nuestra reflexión (y que creemos suficientemente justificada a lo largo de la colección) es que la perspectiva ética en una organización se despliega necesariamente en dos dimensiones que tienen en cuenta, por un lado, el sujeto organizacional en su conjunto y, por otro, los distintos profesionales que componen dicho sujeto, con especial atención a quienes asumen funciones y responsabilidades directivas.

Teniendo en cuenta esta doble perspectiva, tampoco podemos olvidar que son las personas y no las empresas las potenciales lectoras de estos trabajos. Por eso, la Biblioteca CEA está diseñada con la intención de que sirva para entender los retos éticos que se despliegan en el quehacer profesional a dos niveles: por un lado, desde la óptica de la ética profesional, acompañando la mirada ética que compete a las personas que deben tomar las decisiones cotidianas donde se juega la "buena" gestión; esa que no es únicamente buena desde el punto de vista técnico u operativo, sino también moralmente correcta; por otro, desde el enfoque empresarial, analizando las responsabilidades de los distintos sujetos individuales (no solo los que pertenecen a una corporación, como iremos viendo) en la construcción de un sujeto organizacional éticamente orientado (una empresa).

Respecto al tono general de la biblioteca, lo que el lector podrá encontrar es lo que, a nuestro juicio y desde nuestra experiencia con grupos de profesionales, se requiere para poder comprender los distintos aspectos propios de la ética empresarial. Por ello, la biblioteca combina contenidos sobre los presupuestos filosóficos que sustentan el análisis ético con la aplicación práctica de esos presupuestos a los retos éticos propios de la realidad empresarial. El enfoque es claramente didáctico, desde la persuasión de que la ética se puede enseñar y aprender, teniendo en cuenta que de lo que estamos hablando al recurrir a la ética es que apelamos a una racionalidad que ofrece criterios, instrumentos, lenguajes... que nos permiten analizar situaciones en las que lo que se pone en juego son los elementos propios del ámbito moral: el bien, la justicia, la felicidad...

Desde este enfoque, esperamos que la lectura de los distintos volúmenes contribuya a la incorporación por parte del lector de dos tipos de competencias. Por un lado, las orientadas a identificar y afrontar los retos éticos que surgen en el desempeño profesional, ofreciendo herramientas para explorar las vías de resolución de los mismos. Por otro lado, las que ayudan a entender y aplicar las claves que encierran los procesos de construcción de culturas empresariales, basada en principios éticos, que refuercen la legitimidad de un proyecto empresarial integrado de forma sostenible en el entorno en el que opera.

Finalmente, es importante dejar constancia de las características del pensamiento ético que pretende desarrollar el Centro de Ética Aplicada de la Universidad de Deusto y que permean los distintos contenidos que se desarrollan en todos los volúmenes de la colección. Estas características son, fundamentalmente, las siguientes:

1. Asumir la perspectiva de las víctimas, los injustamente tratados, tomándolas como eje referencial de nuestra reflexión.
2. Tener en los derechos humanos, con su problematicidad, el criterio ético último, irrebasable, de nuestras valoraciones éticas.
3. Ejercer el análisis, la reflexión y la evaluación de la realidad moral con rigor, desde la especificidad propia de la disciplina ética.
4. Reconocer la consistencia propia de la realidad, aplicando de manera adecuada a ella los principios éticos.
5. Desarrollar un planteamiento integracionista, acogiendo y articulando los elementos valiosos de las distintas teorías y escuelas éticas.
6. Ofrecer resultados orientativos y aplicables a las personas y organizaciones implicadas en la transformación social.

A partir de aquí, recorrer el camino que ofrece esta Biblioteca es vuestra elección. Estamos convencidos de que quienes se atrevan a transitarlo reforzarán su competencia ética. Para quienes lo hagan, gracias de antemano. Nos vendrá muy bien a todos.

El equipo del CEA

INTRODUCCIÓN A LA OBRA

Los argumentos a favor de una transición justa (OIT, 2013) constituyen una parte integral de los debates sobre los nuevos modelos de sostenibilidad e iniciativas de desarrollo económico basados en la neutralidad. Sin embargo, en general, estos modelos no presentan un interés expreso en explorar en profundidad las implicaciones éticas de los sistemas sociotécnicos[1]. Un vistazo a las estrategias de transición justa tanto europeas como nacionales (Ministerio para la Transición Ecológica y el Reto Demográfico, s. f.), así como su traslación territorial en algunas Comunidades Autónomas en España, muestran en general un proceso muy alineado con las transiciones energéticas, enfocadas en la transición industrial, organizacional y de la Administración, con el propósito de la protección de los sectores estratégicos y el desarrollo de capacidades industriales y de innovación, así como la protección del empleo.

La transición justa tiene sus orígenes en las transiciones sociotécnicas aplicadas, definidas como los procesos mediante los que una configuración de elementos sociales y técnicos (como personas, culturas, tecnologías e infraestructuras) se transforma, dando lugar a nuevas configuraciones y elementos nuevos o existentes en los que se produce una evolución conjunta y el cambio

1. El término sistema sociotécnico fue originalmente usado para designar la interacción obrero - máquina en ambientes de trabajo industrial.

entre las interrelaciones. Si bien el punto de partida es el de configurar los elementos sociales y técnicos para dar lugar a una transformación, en la materialización de los procesos, la racionalidad instrumental se impone a la hora de razonar, reduciendo la participación de las personas y optando por parámetros de optimización de los procesos que tienen como base el logro de sus objetivos, principalmente económicos.

Ejemplos muy destacados son procesos como las transformaciones energéticas y de sostenibilidad o las transiciones digitales, en los que se observan los procesos como el paso o adaptación de una situación original a otra novedosa, resultado de un cambio significativo o revolucionario de modelo o paradigma que supone la respuesta concreta a una situación de crisis. Así, hablamos de transición energética para referirnos al camino a recorrer individual, empresarial, social o globalmente al pasar de un modelo energético basado en los combustibles fósiles a otro sustentado por energías renovables, en razón de la toma de conciencia del calentamiento global y su vinculación con las fuentes tradicionales de energía.

Desde el punto de vista organizacional, la transición justa no está arraigada y ocurre que, si bien los procesos de transiciones son relevantes, sus prioridades y definición entran en conflicto. En este sentido, la mayoría de los estudios sitúan la transformación digital como impulsora de la sostenibilidad (Ologeanu-Taddei, R. *et al.*, 2024) como, por ejemplo, en el caso del uso de tecnologías digitales para mejorar la sostenibilidad ambiental o reducir impactos negativos, como las desigualdades digitales o los procesos de desinformación.

Como se aborda en este volumen, es necesario resignificar los procesos de transición para que estén basados en la racionalidad ética que pretende apoyar el sistema de toma de decisiones, en función del cuestionamiento mismo de si es correcto que las organizaciones utilicen una racionalidad instrumental para tomar decisiones, en un intento racional de descubrir cómo vivir una buena vida en una sociedad pacífica y justa. También es importante reactivar y priorizar los espacios de participación y la inclusión de múltiples voces en las decisiones, estableciendo marcos para asignar responsabilidades entre diferentes actores y proporcionando herramientas para identificar, analizar y negociar valores en conflicto.

La integración de las prospectivas éticas en el enfoque de transición va a aportar elementos fundamentales para comprender y orientar las transiciones de manera responsable y no dejar a nadie atrás, vertebrando los principios fundamentales como la justicia, la autonomía, la dignidad humana y el bienestar colectivo que sirven como criterios para evaluar qué direcciones de la transición son deseables.

Este volumen pone el foco además en esta resignificación e integración en los entornos organizacionales, donde las transiciones sociotécnicas entroncan tanto la sostenibilidad como la transformación digital, y constituyen, además, el núcleo de muchos de los desafíos urgentes, impulsados por la necesidad de integrar la sostenibilidad ambiental, social y la prosperidad económica, además de dar soporte y proponer estrategias empresariales.

La apuesta, por tanto, es la de ofrecer una visión integradora, definida como un proceso de cambio estratégico disruptivo que incorpore el concepto de transición justa para crear valor desde una perspectiva organizacional y donde los retos se han de acometer conjuntamente, puesto que su división afecta a su conceptualización y, en consecuencia, a su percepción y gestión.

La conceptualización e integración requieren, por un lado, de una ampliación de las estrategias existentes de transiciones justas que deben ser complementadas, puesto que una transición justa debe funcionar para desenredar configuraciones estructurales no virtuosas, creando resultados a largo plazo que sean más justos y equitativos. Por otro lado, requiere de la construcción de capacidades y acciones para transformar los retos en oportunidades y asegurar la participación de todos los agentes involucrados para dar una respuesta efectiva y promover una transformación, mediante la habilitación de espacios de transición funcionales.

El reto de este volumen es, por un lado, el de construir una visión integral de la transición justa mediante la consideración de enfoques diversos como la innovación responsable, la ética de los cuidados y el poscrecimiento entre otros, para ampliar, completar y enriquecer los marcos existentes; por otro lado, adaptar este marco de la transición justa a los entornos organizacionales y establecer las prioridades transversales en torno a ellas, como el empleo, la corresponsabilidad y los cuidados, establecimiento de adopción ética de la norma y por último, proponer la construcción de una serie de espacios y prácticas para generar capacidades en torno a la participación, cuidado y liderazgo como elementos para alcanzar un enfoque integral y práctico de transición justa.

Planteamos una propuesta y acercamiento crítico a una transición justa entendida como un imperativo ético y práctico que equilibre las urgencias medioambientales con la justicia social y económica, buscando transiciones que sean fuente de oportunidad y no de exclusión. Una transición justa integrada que posibilite entender los procesos sociales como la desigualdad y la pobreza mediante la integración de otras variables como la vulnerabilidad y el cuidado que permita abordar su carácter estructural (Fundación Fomento de Estudios Sociales y Sociología Aplicada, 2021).

Esperamos también, que la propuesta participativa de Laboratorio de transición justa que se expone en este volumen ofrezca a los lectores una herramienta para atender a los retos que se presentan de manera complementaria y que permitan generar las capacidades de liderazgo necesarias en las organizaciones, dando pie a procesos de cambio estructural.

Nos gustaría destacar, que este volumen tiene un fuerte compromiso para ofrecer una visión integradora y ética que elude dar por hecho el carácter inevitable y positivo del cambio, que invisibiliza los costes de dicha adaptación y no cae en perspectivas solucionistas; de ahí poner el acento en adjetivar de "justa" la transición para subrayar que los costes de la misma deben ser repartidos equitativamente o verse sometida dicha transición a valoraciones y modulaciones éticas. Igualmente, defiende un enfoque transversal integrado donde los procesos de transformación deben de acometerse desde los cambios en las culturas organizacionales.

Este enfoque busca generar un impacto positivo tanto en el medio ambiente como en la calidad de vida de las personas, promoviendo un desarrollo sostenible en todos los aspectos sin comprometer la competitividad, donde toda innovación será responsable y estará legitimado socialmente, y donde la perspectiva ética no restringe, sino que impulsa.

LAS AUTORAS

CAPÍTULO 1

ANTECEDENTES

La construcción teórica de las transiciones sociotécnicas parte del proceso de cambio o evolución entre una determinada configuración de elementos sociales y técnicos hacia otras configuraciones. Esta evolución es multidimensional y surge por ejemplo, tras la adopción de nuevas racionalidades para definir configuraciones y sus determinantes. Un buen ejemplo de este proceso es el concepto de sostenibilidad, que ha evolucionado desde un enfoque puramente ambiental entre los años setenta y ochenta hacia un paradigma integral que incorpora las dimensiones económica, social, ambiental y de gobernanza. Aplicando el paradigma de transición, y la búsqueda de estas configuraciones evolucionadas e incorporación de racionalidades, observamos que los determinantes actuales de la sostenibilidad se centran en la transformación sistémica: la necesidad de pasar de una economía lineal a una economía circular, de modelos extractivos a regenerativos, de estructuras jerárquicas a gobernanza participativa y multinivel, y de enfoques fragmentados a pensamiento sistémico que reconoce las interdependencias entre clima, equidad social, innovación tecnológica y justicia intergeneracional. Es importante destacar que si bien el enfoque de transición nos permite vertebrar espacios de coexistencia de múltiples interpretaciones donde el significado se negocia constantemente en contextos específicos, los procesos de transformación que pasan por la incorporación de nuevas racionalidades tienen dos vertientes, por un lado, la positiva, que nos conecta con otras transformaciones que se están produciendo en entornos como el de la innovación y sus políticas, y otra vertiente negativa, ya que, la ambigüedad conceptual genera confusiones que son un caldo de cultivo para apropiaciones oportunistas del discurso y ausencia de responsabilidad que conduce a procesos de *greenwashing* o *social washing*.

En este sentido, este efecto de ambigüedad conceptual se relaciona en ocasiones con la difusividad epistémica (Lazurko *et al.*, 2023) y esta conecta las limitaciones de los paradigmas de transición de varias formas. Por ejemplo, puesto que parece no existir una definición única ni consenso sobre qué constituye exactamente una práctica sostenible, ¿cabría considerar qué umbrales son aceptables y qué determinantes limitan el término? ¿Son estos umbrales también aplicables al tipo de actores interpelados? En cuanto a la utilización de los términos, ¿pueden usarse con significados distintos que pueden ser a menudo contradictorios? ¿Dónde termina lo ambiental y comienza lo social? ¿Es el cambio climático un problema técnico, ético, político o económico?

Además, las configuraciones de transición intensifican esta ambigüedad porque operan en contextos de incertidumbre donde no siempre se sabe exactamente hacia dónde transitar, así como qué tecnologías prevalecerán, qué modelos sociales emergerán, ni cómo medir el "éxito" de las medidas o políticas públicas de una transición sociotécnica cuando los criterios mismos están en disputa.

A lo largo de este capítulo nos vamos a centrar en evaluar las relaciones entre los ecosistemas de innovación, considerando que el pensamiento sistémico reconoce que los límites entre categorías son borrosos (*fuzzy*), pero destacando que este hecho no genera conflicto sino una posibilidad de reflexión crítica y que esta difusividad no es un defecto, sino una característica fundamental de sistemas complejos adaptativos.

Pero, siguiendo conectadas a la vocación de este libro, las preguntas que surgen no van a ser opacadas, y nos mantendremos vigilantes ante la paradoja de estar ante tanto una fortaleza estratégica como una debilidad para impulsar cambios transformadores va a constituir un elemento de reflexión muy relevante para el entorno organizacional.

LAS TRANSICIONES SOCIOTÉCNICAS Y LOS MODELOS DE INNOVACIÓN

El abordaje de la difusión del paradigma de las transiciones sociotécnicas en los marcos y modelos de innovación contemporáneos ofrece una herramienta operativa que permite abordar los sistemas complejos adaptativos como son los ecosistemas de innovación. En este sentido, las transiciones sociotécnicas en este ámbito se han empleado, para la comprensión de los factores que alientan a los diferentes actores a tomar determinadas decisiones, además de para abordar la comprensión de qué factores modulan el apoyo público y político de determinadas innovaciones. Son destacables las aportaciones para la construcción de estrategias para modular y reducir fenómenos de resistencia (Devine-Wright, 2011) en transiciones energéticas.

Una visión general de la evolución de las racionalidades circundantes al respecto muestra que las transiciones sociotécnicas (TST) convergen dentro de la idea de organizar cambios que puedan entenderse como sociotécnicos, donde las teorías de innovación comprenden un amplio paraguas de consideraciones que han de integrarse y donde los modelos de implementación han encontrado razón suficiente para decantarse por estos conceptos.

En este sentido, desde el ámbito de los modelos de innovación, la TST evoluciona primero como un modelo distintivo de cómo hacer innovación y gobernar la innovación para más tarde integrase como marco de implementación fuera de ese ámbito y con gran trascendencia en agendas políticas.

En los enfoques actuales más disruptivos, la TST ha tomado prestados conceptos de una mezcla de disciplinas, incluyendo historia, economía evolutiva, teoría institucional y estudios sociotécnicos tradicionales de ciencia, tecnología y sociedad (CTS), que buscan responder a retos como puede ser la gobernanza de la innovación, no tanto sus modelos de implementación.

De forma aplicada, la TST hoy en día puede enmarcarse bajo la consideración del enfoque de cambio transformador (CT), vinculado a desafíos sociales y ambientales contemporáneos. Los ejemplos más destacables se centran en la generación de agendas de investigación ética y en la implementación de modelos de innovación disruptivos, como el cambio transformador presente, en la contextualización de los Objetivos de Desarrollo Sostenible (ODS) (ONU, 2008), del cual los marcos de innovación abierta y responsable (IR y RRI, por sus siglas en inglés) son un ejemplo, así como las perspectivas multinivel (MLP, por sus siglas en inglés) o las estrategias de Especialización Inteligente en las Regiones RIS[2] (Parlamento Europeo, 2016). Estos enfoques, muy presentes en muchas regiones y organizaciones supranacionales en Europa, así como en la mayoría de los modelos de innovación del Norte Global, consideran la innovación como un proceso participativo que ha de ser responsable, con el impacto social en el centro y donde la perspectiva ética ha de ser integral.

Bajo esta visión contemporánea, el CT puede considerarse el núcleo desde donde emerge el enfoque de transición, apuntando a abordar desafíos políticos complejos de naturaleza a largo plazo, como las transiciones justas. Además, el CT está relacionado con la propuesta de creación de un espacio de reflexión, con el propósito de transformar objetivos políticos generales en visiones que permitan afrontar estos desafíos, y que a su vez facilite desarrollar posibles caminos de transición para conectar el presente con el futuro.

Es importante destacar esta idea de habilitar espacios tal y como se ilustra a continuación y de forma muy relevante en el tercer capítulo de este volumen, ya que estos espacios son los que

2. La transformación económica y la diferenciación impulsadas por la innovación sobre la base de los activos locales y las ventajas comparativas, encaminadas a lograr el máximo impacto, espera que los esfuerzos y las inversiones se centren en un número limitado de prioridades identificadas mediante una estrategia de investigación e innovación para la especialización inteligente (RIS3) que se ha convertido en un requisito previo para recibir financiación del Fondo Europeo de Desarrollo Regional. Véase https://n9.cl/h56eib y https://n9.cl/dan85.

permiten vertebrar la idea de una construcción participativa de los procesos. Estas perspectivas se caracterizan por un enfoque orientado a problemas y soluciones, basado en un diseño sistémico, la adopción de estrategias de investigación colaborativa y las propuestas de coproducción de conocimiento a nivel político.

Observemos la trayectoria y trasfondo de las teorías de innovación como la idea de cambio transformador que va surgiendo, lo cual nos permite entender los componentes relevantes que se han ido integrando. Como vemos en la figura 1, un enfoque a los diferentes periodos comprende un primer paso en el que la prevalencia de modelos lineales de innovación es persistente, donde los sistemas de innovación comprenden actores, condiciones institucionales y redes, y donde observamos una intención en abordar las fallas desde un punto de vista de atender a los elementos aislados, como las fallas del mercado, ignorando la importancia de las barreras más sistémicas dando lugar a que los retos no se acometan conjuntamente, con divisiones que afectan a su conceptualización y, en consecuencia, a su percepción y gestión.

FIGURA 1

UN ENFOQUE A LOS DIFERENTES PERIODOS Y ELEMENTOS DE LOS MODELOS DE INNOVACIÓN CONDUCENTES AL CAMBIO TRANSFORMADOR

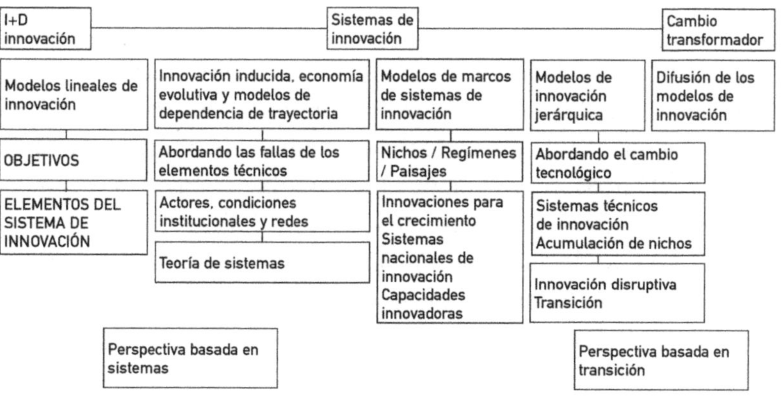

Fuente: Carbajo y Cabeza (2022).

Este periodo fue seguido por un segundo paso que incluye consideraciones de innovación inducida, economía evolutiva y modelos de dependencia. Se caracteriza por la capitalización de la teoría de sistemas y el establecimiento de sus impulsores y trayectorias, a saber, los nichos, regímenes y ecosistemas (Geels, 2010). Además, es donde podemos observar un desplazamiento y cambio en cuanto a las racionalidades prevalentes desde una perspectiva instrumental hacia una más compleja, basada en sistemas, que destaca por introducir una taxonomía de cuatro niveles de innovación correspondiente a innovaciones incrementales, innovaciones radicales, cambios del sistema tecnológico y cambios en el paradigma tecno-económico.

Como podemos observar, no se trata tanto de un cambio abrupto en cuanto a abandonar una forma de razonar que se centra en los medios para alcanzar objetivos determinados, sin necesariamente realizar una medición del impacto ni discernir el fin, donde se privilegia el fin antes que los medios; sino de incorporar la idea de cambios en los elementos para la toma de decisiones.

Las características destacables de las distintas aproximaciones a cómo hacer innovación son las siguientes: mientras que las innovaciones incrementales ocurren continuamente, las innovaciones radicales vienen de fuera de la corriente principal como resultado de actividades de I+D. En el caso de las innovaciones radicales, los impulsores de nichos sirven para ganar difusión o adopción. El uso de regímenes se refiere al titular del sistema sociotécnico donde el nicho está potencialmente afectando. Además, los paisajes y ecosistemas, se refieren a desarrollos exógenos o choques (crisis económicas, cambios demográficos, cambios ideológicos o disrupciones ambientales mayores, como el cambio climático) que crean presiones en el régimen, que a su vez crean ventanas de oportunidad para la difusión de innovación.

En el caso de las innovaciones incrementales, se asocian al cambio estructural, pero su impacto es relativamente pequeño. En contraste, los cambios del sistema tecnológico y los cambios en el paradigma tecno-económico conocidos como revoluciones tecnológicas son cambios de amplio alcance en tecnología donde, en el caso de revoluciones, van más allá de trayectorias de ingeniería para tecnologías específicas de proceso o producto.

Un tercer paso en la evolución de las teorías de innovación comprende la consideración de marcos de sistemas de innovación, a saber, innovación para el crecimiento, sistemas nacionales de innovación y consideraciones relacionadas con la capacidad innovadora nacional. El cuarto paso comprende la implementación de innovación sistémica y jerárquica, que incluye los sistemas técnicos de innovación, la revisión de nichos en términos de acumulación de nichos, la reformulación de innovación radical y disruptiva y la propuesta de enfoques de innovación de transición.

Es importante destacar esta reformulación de la innovación radical porque permite entender los pasos de la integración de una lógica que luego se puede observar en la innovación responsable. Si bien, la innovación radical se basa en el arreglo de un cambio significativo que no es necesariamente disruptivo, la integración de esta posibilidad empieza a ser visible asociada a la incorporación de una lógica de transición. Esto se observa también en las innovaciones disruptivas que eventualmente se vuelcan en las tecnologías, productos o procesos dominantes existentes, pero que poco a poco visualizan la idea de generar tecnologías que anticipan y son responsables.

Con todo, cabe destacar, que la transición desde los modelos de innovación emerge más bien como una difusión de estas corrientes en un primer momento para convertirse en un proceso más de cambio tecnológico, que no es simplemente incremental, sino que representa cambios radicales, posiblemente incluso disruptivos.

LA CONSTRUCCIÓN DE LAS TRANSICIONES ENERGÉTICAS

Un ejemplo muy destacado de la importancia de este enfoque de transición puede encontrarse en los modelos de desarrollo sostenible (DS) basados en el cambio transformador que tienen gran calado en el entorno organizacional. El desarrollo sostenible fue formalizado e institucionalizado a nivel internacional a través de los

Objetivos de Desarrollo Sostenible (ODS)[3] comprendiendo declaraciones como el logro de sistemas energéticos sostenibles bajos en carbono y la mejora de la asequibilidad y equidad de nuevas innovaciones.

Los efectos de la aplicación del concepto de transición en el caso de la transformación energética son un ejemplo significativo del cambio de paradigma. En este sentido, las dimensiones tradicionales de gobernanza energética implican políticas, instituciones, reglas e incentivos, y el proceso subyacente de toma de decisiones que establecen las pautas y reglas de incentivos para el sistema energético.

En contraste, el enfoque de transición reemplaza estas dimensiones por impulsores para asegurar la gobernanza y adaptarse a las características de un sistema energético limpio basado en energía renovable y eficiencia energética que también puede considerarse seguro, asequible y equitativo (Willis *et al.*, 2019).

En esta línea, la gobernanza da forma a las estructuras que impulsan los canales de cómo los recursos fluyen a través del sistema, habilitando qué productos y servicios están disponibles, y, en última instancia, permitiendo que las personas interactúen con los sistemas tecnológicos. En este caso, la atención a la transición ya no explica solo la difusión de las innovaciones, sino que trae una oportunidad de canalizar el cambio en una dirección particular.

LA TRANSICIÓN JUSTA

La transición justa emerge como un paradigma fundamental en el contexto de la crisis climática contemporánea, articulando la urgencia de la descarbonización económica con los imperativos de justicia social y equidad distributiva. Este concepto, que encuentra sus raíces en el movimiento sindical norteamericano de los años ochenta y noventa (Confederación Sindical Internacional, 2017), ha evolucionado hasta convertirse en un principio rector de las políticas climáticas internacionales, siendo incorporado explícitamente en el Acuerdo de París de 2015, por el

3. Programa de las Naciones Unidas para el Desarrollo (2015), https://n9.cl/oiwrz.

Grupo Intergubernamental de Expertos sobre el Cambio Climático (IPCC, por sus siglas en inglés) en 2018 y en múltiples marcos normativos nacionales y regionales.

El concepto apareció por primera vez en *Resolution concerning sustainable development, decent work and green jobs* y se definió como la gestión eficaz del cambio hacia una economía sostenible ambientalmente, garantizando trabajo decente, inclusión social y erradicación de la pobreza. Esta economía sostenible ambientalmente no quiere dejar atrás el crecimiento que, siendo verde, se presenta como un nuevo motor de crecimiento económico y generador de empleos verdes (Bowen y Kuralbayeva, 2015), que son significativos para la erradicación de la pobreza y la inclusión social.

La transición justa, como hemos abordado en las anteriores secciones proviene de un marco conceptual de la transición sociotécnica donde se asienta su fundamentación teórica y donde se establecen una serie de dimensiones socioambientales constitutivas que dan lugar a las prioridades estratégicas sobre las que se aplica la misma, como son la dimensión laboral, territorial, de cambio de modelo o participativa.

La dimensión laboral enfatiza la necesidad de proteger los derechos de los trabajadores afectados por la reconversión industrial, garantizando no solo compensaciones económicas sino también acceso a formación, reconversión profesional y trabajo decente en sectores emergentes. La dimensión laboral de la transición justa ha estado vertebrada por la definición del empleo verde, como aquel que contribuye a preservar o restaurar la calidad del medio ambiente, ya sea en sectores tradicionales, como la manufactura y la construcción, o en nuevos sectores emergentes, como las energías renovables y la eficiencia energética.

La evolución de estos empleos puede entenderse en varias etapas:

- Generación de productos o servicios verdes: se refiere a empleos involucrados en la producción y provisión de bienes y servicios que tienen un impacto ambiental reducido. Ejemplos: la fabricación de paneles solares, turbinas eólicas, o la prestación de servicios de consultoría ambiental.

- Procesos amigables con el medio ambiente: implica la transformación de procesos de producción y operacionales para hacerlos más sostenibles. Esto puede incluir la implementación de prácticas de manufactura que minimicen los residuos o la contaminación, o la adopción de sistemas de gestión ambiental en empresas de diversos sectores.
- Dignificación del trabajador y cohesión social: los empleos verdes también deben ser socialmente inclusivos, proporcionando condiciones de trabajo justas, seguras y dignas. Esto incluye garantizar salarios justos, condiciones laborales seguras y oportunidades de desarrollo profesional, fomentando así la cohesión social.
- Valoración del cuidado y la interdependencia: los empleos verdes reconocen la interdependencia entre las personas. Esto implica valorar, económica y socialmente, trabajos relacionados con el cuidado de las personas y comunidades, entendiendo que la sostenibilidad ambiental va de la mano con el bienestar social y comunitario.

La dimensión territorial reconoce que determinadas regiones presentan vulnerabilidades específicas derivadas de su dependencia económica de sectores en declive, requiriendo estrategias diferenciadas de diversificación productiva y desarrollo local.

La dimensión participativa privilegia el diálogo social y organizaciones sindicales como mecanismo de legitimación y la gobernanza de los procesos de transformación. Esta última es una dimensión que también se encuentra en la fundamentación teórica de los cambios transformadores como hemos ilustrado, profundamente relacionados con el aporte de los modelos de innovación descritos en las secciones anteriores.

Es importante destacar, que la transición justa se enmarca en la intersección de al menos tres campos disciplinares (Organización Internacional del Trabajo, 2015): la economía ecológica, la sociología del trabajo y los estudios de justicia ambiental. Desde una perspectiva conceptual, constituye un marco normativo y operativo que reconoce que la transformación estructural hacia economías bajas en carbono genera inevitablemente disrupciones en los mercados laborales, reconfiguraciones territoriales y redistribuciones de costos y beneficios entre diferentes sectores sociales. La premisa central sostiene que la acción climática no puede disociarse de sus implicaciones socioeconómicas, particularmente en lo que respecta a los trabajadores y comunidades cuyo sustento depende de industrias intensivas en carbono (Alianza por la Justicia Climática, s. f.). Revisemos en profundidad los aportes y elementos más destacables de las tres corrientes disciplinares.

En primer lugar, desde la economía ecológica la transición justa entronca con las críticas a los sistemas económicos basados en el crecimiento perpetuo que no son sostenibles a largo plazo (Costanza, 2023; Fuders, 2023; Chausson *et al.*, 2023). El Grupo Intergubernamental de Expertos sobre el Cambio Climático (2019) ha señalado repetidamente que, para evitar los peores impactos del cambio climático, es necesario adoptar prácticas económicas más sostenibles. Una transición justa pasa inevitablemente por un cambio del paradigma socioeconómico actual. Paradójicamente y en contra de lo que parecía esperarse, el crecimiento económico no ha sido capaz de resolver las desigualdades sociales y económicas existentes (Piketty, 2014). Por el contrario, la concepción del crecimiento económico como un fin en sí mismo, como un proceso cuasi único de mejora, nos ha llevado a toparnos con los límites biofísicos del planeta (Rockström *et al.*, 2009; Persson *et al.*, 2022; Steffen *et al.*, 2015; Wang-Erlandsson *et al.*, 2022). Un cambio hacia un paradigma económico poscrecimiento contribuiría a un futuro sostenible y justo.

Resumidamente, el poscrecimiento se basa en la redefinición del progreso, enfocándose en el bienestar social y la sostenibilidad ecológica y tratando de desacoplar estas de la necesidad de un crecimiento económico perpetuo (Jackson, 2009). Los principios clave incluyen:

- Bienestar y justicia social: se trataría de priorizar una vida digna y decorosa, la equidad y el acceso a servicios esenciales.

En lugar de centrarse únicamente en los indicadores económicos convencionales y en la aparente necesidad de incrementar perpetuamente la producción y el consumo, el poscrecimiento promueve un enfoque holístico del bienestar que incluye la salud, la educación, la vivienda y la seguridad social. Se trata de desacoplar el crecimiento económico del bienestar procurando a su vez que todas las personas tengan acceso a los recursos necesarios para una vida digna.

- Sostenibilidad y justicia ecológica: mediante el respeto de los límites planetarios y la promoción de una economía lo más circular posible. La sostenibilidad ecológica implica reconocer los límites biofísicos del planeta y adaptar nuestras prácticas económicas en consecuencia. Esto no solo incluye la promoción de la economía circular, que se centra en reducir, reutilizar y reciclar los recursos para minimizar el impacto ambiental. También propone consumir menos y, en consecuencia, no tener que producir más incesantemente. Dicho de otra forma, avanzar hacia una sociedad en la que, una vez cubiertas las necesidades básicas para una vida digna, seamos capaces de desacoplar la felicidad de cada vez mayores niveles de consumo y producción.
- Modelos económicos y empresariales humanistas: integración de valores como la cooperación, equidad y solidaridad en la actividad económica y empresarial. Estos modelos buscan integrar principios y prácticas que promuevan la dignidad humana dentro de los límites planetarios (Raworth, 2017). La priorización de las necesidades humanas y el bienestar colectivo sobre el lucro individual es fundamental, enfatizando la importancia de crear entornos de trabajo y sistemas económicos que sean justos, inclusivos y orientados hacia el bien común.

La sociología del trabajo, como disciplina que examina las relaciones sociales en torno a la producción, la organización laboral y las transformaciones del empleo, ofrece herramientas analíticas y conceptuales indispensables para comprender y orientar este proceso de cambio estructural. Desde esta disciplina, los aportes que encontramos están ligados a una parte más operativa que luego veremos reflejada en las dimensiones constituyentes. En este sentido, esta disciplina se ha centrado en evaluar y teorizar sobre los riesgos de que la transición reproduzca o intensifique dinámicas de precarización y segmentación laboral.

Desde la perspectiva sociológica del trabajo, la transición justa constituye un proceso de reestructuración productiva de magnitud comparable a las revoluciones industriales precedentes, con implicaciones profundas en la división social del trabajo, las identidades ocupacionales y las relaciones de poder en el ámbito laboral.

Es importante destacar que la perspectiva sociológica del trabajo también se ha centrado en la consideración de los límites del empleo verde, como en el caso en el que coexisten empleos verdes cualificados y estables con empleos precarios en servicios ambientales o economía circular.

Podemos destacar los siguientes aportes:

- Estudios en torno a la reconfiguración de la división social y técnica del trabajo, donde la destrucción de empleos en sectores tradicionales no implica únicamente pérdida de puestos de trabajo, sino la desarticulación de sistemas complejos de interdependencia social y ocupacional.
- Estudios sobre identidades ocupacionales y culturas laborales, cruciales para entender las resistencias a la transición y entender que las ocupaciones generan identidades colectivas fuertes, como las que se encuentran en las comunidades mineras, donde el trabajo manual, la masculinidad obrera y la tradición familiar se entrelazan.
- Segmentación y paradigma del empleo verde[4], donde se procede a examinar si los empleos verdes emergentes ofrecen

4. Las investigaciones comparativas sobre sectores emergentes como energías renovables o economía circular revelan heterogeneidad significativa en la calidad de estos empleos, cuestionando visiones idealizadas del trabajo verde. La noción de "trabajo decente" de la OIT proporciona un marco normativo que la sociología del trabajo operacionaliza analíticamente.

condiciones equivalentes a los empleos destruidos en términos de estabilidad, remuneración y derechos laborales.
- Dimensión de género, donde se aborda entre otras muchas cuestiones cómo las mujeres, históricamente excluidas de sectores extractivos, pueden acceder equitativamente a nuevas oportunidades.

En el campo de la justicia ambiental, las estrategias para la transición justa fueron forjadas por primera vez por sindicatos de trabajadores y grupos de justicia ambiental enraizados en comunidades racializadas y de bajos ingresos, que vieron la necesidad de eliminar gradualmente las industrias que estaban dañando a trabajadoras y trabajadores, a la salud comunitaria y al planeta, y al mismo tiempo proporcionar vías justas para que las y los trabajadores hicieran una transición a otros empleos. La transición justa se arraigó en la definición de las trabajadoras y los trabajadores de una transición que se alejara de las industrias contaminantes, en alianza con comunidades que se encuentran próximas a tales industrias y las que viven los impactos en primera línea.

Como aporte principal hay que destacar el reconocimiento de que la transición justa no es un destino predeterminado sino un proceso político disputado, donde las relaciones de poder, las capacidades organizativas y los marcos culturales juegan roles decisivos.

En la siguiente tabla 1 se recogen los elementos comunes de las definiciones existentes en torno a la transición justa.

TABLA 1

ELEMENTOS COMUNES DE LAS DEFINICIONES EXISTENTES

Acción por el clima	Todas las definiciones hacen énfasis en que la transición justa no solo abarca aspectos ambientales y climáticos, sino que también incluye normas laborales, diálogo social y otros impactos comunitarios
Inclusividad y equidad	La inclusión y la justicia son fundamentales, asegurando que nadie se quede atrás y que la transición ofrezca oportunidades de empleo digno y respete los derechos laborales y humanos
Diálogo social y participación de los grupos de interés	Se menciona repetidamente la importancia del diálogo entre todas las partes afectadas, incluyendo trabajadores, comunidades y gobiernos, para llegar a un consenso y un proceso equitativo

TABLA 1

ELEMENTOS COMUNES DE LAS DEFINICIONES EXISTENTES (CONT.)

Integración con estrategias financieras y tecnológicas	La transición justa se integra con las estrategias financieras y tecnológicas, así como con el fortalecimiento de capacidades para la acción climática
Aplicación universal	Afecta a todos los sectores económicos, regiones y países, no limitándose a la energía, sino que abarca una variedad de industrias y prácticas
Responsabilidad empresarial	Las empresas, tanto grandes como pequeñas, son vistas como agentes clave en la transición hacia una economía más sostenible y justa
Adaptación al cambio climático	Se reconoce la necesidad de adaptarse a los impactos del cambio climático de manera justa, especialmente para las comunidades más vulnerables
Beneficios a largo plazo	Aunque puede haber desafíos y costos a corto plazo, la transición justa se ve como una oportunidad para la justicia social, la equidad y la sostenibilidad a largo plazo
Enfoque basado en principios	No es un movimiento independiente, sino un enfoque basado en principios para actividades y acciones de mitigación y adaptación al cambio climático
Reconocimiento internacional	La transición justa está reconocida internacionalmente, como se refleja en acuerdos como el Acuerdo de París

Fuente: Elaboración propia a partir de Organización Internacional del Trabajo (2024).

Por último, una vez destacadas las dimensiones y disciplinas que han abordado su importancia, cabe destacar que la impronta de la transición justa se refleja en políticas públicas y decisiones gubernamentales que abordan simultáneamente los desafíos ambientales y las necesidades socioeconómicas. Esto incluye la creación de empleos verdes, como hemos ilustrado a lo largo de esta sección, el apoyo a la reconversión y capacitación laboral, y el desarrollo de infraestructuras sostenibles. Estas estrategias se pueden ver en proyectos de gobierno que buscan, con mayor o menor éxito, el objetivo de la transición y como ejemplo las siguientes:

- Empleos verdes y capacitación laboral: estas estrategias tienen como objetivo crear empleo en sectores que tienen un impacto positivo en el medio ambiente, como las energías renovables y la eficiencia energética. Esto incluye programas de formación y reconversión para trabajadores de industrias en declive, para que puedan trasladarse a estos nuevos sectores.

- Política real: la Iniciativa de Empleos Verdes de la Organización Internacional del Trabajo (OIT) promueve la creación de empleos decentes que contribuyan a la preservación del medio ambiente.
- Ejemplo real: el American Recovery and Reinvestment Act de 2009 en los Estados Unidos, que incluyó fondos significativos para la capacitación en habilidades relacionadas con la energía renovable.

- Desarrollo de infraestructura sostenible: involucran la inversión en proyectos que apoyan la sostenibilidad a largo plazo, como el transporte público de bajas emisiones, redes de energía renovable y edificios eficientes desde el punto de vista energético. El objetivo es crear infraestructuras que soporten una economía baja en carbono y resistente al cambio climático.
  - Política real: la Unión Europea ha establecido el Green Deal, que incluye inversiones masivas en transporte limpio y energía renovable.
  - Ejemplo real: el plan de China para construir una "civilización ecológica", incluyendo proyectos de infraestructura sostenible como ciudades forestales y sistemas de transporte público eléctrico.
- Inclusión y participación comunitaria: estas estrategias buscan involucrar a las comunidades locales en la planificación y ejecución de proyectos de energía renovable y otras iniciativas de sostenibilidad. El enfoque está en asegurar que la transición beneficie a las comunidades y refleje sus necesidades y preferencias.
  - Política real: el modelo de Energiewende en Alemania, que involucra a comunidades locales en la planificación y operación de energías renovables.
  - Ejemplo real: la política de Dinamarca que permite a los ciudadanos invertir en proyectos de energía eólica, ofreciendo retornos de la energía generada.
- Equidad en la transición energética: son políticas diseñadas para garantizar que todos los miembros de la sociedad

tengan acceso a energías renovables y puedan beneficiarse de la transición energética, independientemente de su nivel de ingresos. Esto puede incluir subsidios para energías limpias y medidas para evitar que los costos de la transición caigan desproporcionadamente sobre los pobres.

  - Política real: programas de tarifas de alimentación en varios países que ofrecen precios garantizados por la electricidad generada por energía renovable, permitiendo la participación de hogares y pequeños productores.
  - Ejemplo real: el programa de Bono Social en España que ofrece tarifas eléctricas reducidas para hogares de bajos ingresos.

- Protección social y económica: estas estrategias ofrecen redes de seguridad para los trabajadores y comunidades afectadas por la transición a una economía baja en carbono. Pueden incluir seguros de desempleo, apoyo al ingreso, programas de reciclaje profesional y ayuda para la reubicación.
  - Política real: Acuerdo Marco para una Transición Justa de la Minería del Carbón (2019-2027), firmado en octubre de 2018 entre el Gobierno de España, los sindicatos (CCOO, UGT y USO) y la Federación nacional de Empresarios de Minas de Carbón (Carbunión). Contempla medidas de protección social para trabajadores, así como apoyo a iniciativas empresariales y de desarrollo de las comarcas mineras.
  - Ejemplo real: Instituto para la Transición justa. El ITJ es un organismo autónomo del Ministerio para la Transición Ecológica y el Reto Demográfico creado el 28 de abril de 2020, con el objeto de identificar y adoptar medidas que garanticen a trabajadores y territorios afectados por la transición hacia una economía más ecológica y baja en carbono un tratamiento equitativo y solidario.
  - Ejemplo real: el "Plan Futuro" de España para la transición justa en las regiones mineras, que incluye medidas de protección social y recolocación laboral.

- Inversión y financiamiento de la transición: estas estrategias proporcionan el capital necesario para la transición a través de instrumentos financieros como bonos verdes, incentivos fiscales y préstamos a bajo interés. Buscan apoyar el desarrollo de tecnologías limpias y prácticas sostenibles en el sector privado, así como en proyectos públicos.
  - Política real: iniciativas de bonos verdes utilizados por gobiernos y corporaciones para financiar proyectos sostenibles, como los emitidos por el gobierno de Francia.
  - Ejemplo real: el Banco de Desarrollo de América Latina (CAF) ofrece financiamiento para proyectos que promueven la sostenibilidad y el desarrollo bajo en carbono en América Latina.

CONCLUSIONES

Como hemos considerado, la transición justa no surge de una forma azarosa ni caprichosa, es conclusión de varios estudios en contextos muy amplios, como el contexto de las transiciones energéticas y el debate sobre la energía. Hemos observado también que es profundamente dependiente de los enfoques prevalentes, como en el caso del discurso actual sobre la energía que se encuentra, dominado por un enfoque individualista, centrado en la responsabilidad y los derechos individuales.

Observamos también que el desafío de la transición justa se centra en la necesidad de un cambio de modelo para lograr una transformación hacia una economía y sociedad más sostenibles y ecológicas. Pero ocurre que la adopción de estas prácticas no solo es una responsabilidad ética, sino también una estrategia inteligente que puede abrir nuevas oportunidades de mercado y garantizar la viabilidad a largo plazo de las empresas en un mundo cada vez más consciente del impacto ambiental.

Así, en la búsqueda de un marco integrado, diferentes autores sugieren que una visión justa de la transición podría ofrecer una visión más relacional y colectiva que reconoce la interdependencia y la responsabilidad mutua en los sistemas, no solo los energéticos. Esta perspectiva desafía la visión predominante del consumidor autónomo y racional, reemplazando las nociones de responsabilización individual con conceptos de responsabilidades distribuidas, dependencias y reciprocidad.

En este sentido, se ve una necesidad de vincular la ética del cuidado dentro de las transiciones justas con un foco en enriquecer el debate sobre la transición. La ética del cuidado se puede definir como un enfoque filosófico y práctico que enfatiza la importancia de la interdependencia, la responsabilidad mutua y la empatía en las relaciones humanas y con nuestro entorno. Esta ética reconoce que todos los seres humanos están intrínsecamente conectados y que nuestras acciones tienen un impacto significativo en los demás y en el mundo que nos rodea.

Por otro lado, desde un enfoque de justicia, la transición justa se basa en el reconocimiento de que los impactos del cambio climático y las respuestas a este no son neutrales: afectan de manera desigual a diferentes grupos, especialmente a las poblaciones más vulnerables y marginadas. Por lo tanto, hace hincapié en la necesidad de medidas correctivas que aborden estas desigualdades y promuevan una distribución equitativa de los costos y beneficios de la transición.

SUGERENCIAS DE LECTURA

ALIANZA POR LA JUSTICIA CLIMÁTICA (s. f.): La transición justa. A Framework for Change, https://n9.cl/e6utaq.

BOWEN, A. y KURALBAYEVA, K. (2015): "Looking for green jobs: the impact of green growth on employment", Climate Change and the Environment y Global Green Growth Institute.

CARBAJO, R. y CABEZA, L. F. (2022): "Researchers' perspective within responsible implementation with socio-technical approaches. An example from solar energy research centre in Chile,' *Renewable and Sustainable Energy Reviews*, vol. 158, nº 112132, https://n9.cl/80570.

CHAUSSON, A. *et al.* (2023): Going beyond market-based mechanisms to finance nature-based solutions and foster sustainable futures, Nueva Jersey, Plos Climate, https://n9.cl/om7r9.

CONFEDERACIÓN SINDICAL INTERNACIONAL (2017): "Just Transition - Where Are We Now and What's Next? A Guide to National Policies and International Climate Governance", Climate Justice Frontline Briefing, https://n9.cl/b496p1.

Costanza, R. (2023): "To build a better world, stop chasing economic growth", *Nature*, vol. 624, pp. 519-521, https://n9.cl/9akv33.

Devine-Wright, P. (ed.) (2011): *Renewable Energy and the Public*, Londres, Routledge, https://n9.cl/luodj.

Fuders, F. (2023): "Economic growth in the long run is Unsustainable", *How to fulfil the UN sustainability goals*, pp. 97-113, https://n9.cl/fz1wr.

Fundación Fomento de Estudios Sociales y Sociología Aplicada (2021): "Sociedad expulsada y derecho a ingresos", *Análisis y perspectivas*, nº 6, https://n9.cl/u1hcn.

Geels F. W. (2010): *Ontologies, socio-technical transitions (to sustainability), and the multilevel perspective*, Research Policy, vol. 39, pp. 495-510, https://n9.cl/uxbac.

Grupo Intergubernamental de Expertos sobre el Cambio Climático (2019): "Calentamiento global de 1,5°C", Informe especial del IPCC sobre los impactos del calentamiento global de 1,5 °C con respecto a los niveles preindustriales y las trayectorias correspondientes que deberían seguir las emisiones mundiales de gases de efecto invernadero, en el contexto del reforzamiento de la respuesta mundial a la amenaza del cambio climático, el desarrollo sostenible y los esfuerzos por erradicar la pobreza, Resumen para responsables de políticas, https://n9.cl/yzd46.

Jackson, T. (2009): *Prosperity without growth: Economics for a finite planet*, London, Earthscan.

Jenkins, K. *et al.* (2016): "Energy justice: A conceptual review", *Energy Research & Social Science*, vol. 11, pp. 174-182, https://n9.cl/yogro6.

Johnstone, P. y Stirling, A. (2020): "Comparing nuclear trajectories in Germany and the United Kingdom: From 'regimes' to 'democracies' in sociotechnical transitions and discontinuities", *Energy Research & Social Science*, vol. 59, nº 101245, https://n9.cl/qh6zmo.

Lazurko, A. *et al.* (2024): "Operationalizing ambiguity in sustainability science: embracing the elephant in the room", *Sustain Science* vol. 19, pp. 595–614, https://n9.cl/jsnu4.

Ministerio para la Transición Ecológica y el Reto Demográfico (2018): "Acuerdo Marco para una Transición Justa de la Minería del Carbón y el desarrollo Sostenible de las Comarcas Mineras para el Periodo 2019-2027", https://n9.cl/jvfl7.

— (2019): "Marco Estratégico de Energía y Clima", https://n9.cl/gmn6z.

Naciones Unidas (2008): "Compromiso con la acción: la consecución de los objetivos de Desarrollo del Milenio", Reunión de alto nivel sobre los objetivos de Desarrollo del Milenio, https://n9.cl/52x3o.

Newell, P. y Mulvaney, D. (2013): "The political economy of the *just transition*", *The Geographical Journal*, vol. 179, nº 2, pp. 132-140, https://n9.cl/espbt.

Ologeanu-Taddei, R. *et al.* (2025): Technological Forecasting and Social Change, vol. 210, nº 123809, https://n9.cl/kcio4.

Organización Internacional del Trabajo (2013): Resolution concerning sustainable development, decent work and green jobs, Ginebra, sesión 102, https://n9.cl/oh1sj.

— (2015): Guidelines for a just transition towards environmentally sustainable economies and societies for all, https://n9.cl/88sfqv.

— (2024): "Garantizar la seguridad y la salud en el trabajo en un clima cambiante", https://n9.cl/fwmbz.

Parlamento Europeo (2016): "Especialización inteligente: el concepto y su aplicación a la política de cohesion de la UE", Briefing, Think Tank, https://n9.cl/h56eib.

Persson L. *et al.* (2022): "Outside the Safe Operating Space of the Planetary Boundary for Novel Entities", *Environmental Science & Technology*, vol. 56, nº 3, pp. 1510-1521., https://n9.cl/t9lfh7.

PIKETTY, T. (2014): *El capital en el siglo XXI*, Ciudad de México, Fondo de Cultura Económica.

PROGRAMA DE LAS NACIONES UNIDAS PARA EL DESARROLLO (2015): "Los ODS en acción", Objetivos de Desarrollo Sostenible, https://n9.cl/oiwrz.

RAWORTH, K. (2017): *Doughnut economics: seven ways to think like a 21st century economist*, London, Random House International.

ROCKSTRÖM, J. *et al.* (2009): Planetary Boundaries: Exploring the Safe Operating Space for Humanity, *Ecology and Society*, vol. 14, nº 2, art. 32, https://n9.cl/77u17.

SOVACOOL, B. K. y DWORKIN, M. H. (2014): *Global Energy justice: Problems, Principles, and Practices*, Cambridge, Cambridge University Press.

STEFFEN, W. *et al.* (2015): "Planetary boundaries: Guiding human development on a changing planet", *Science*, vol. 347, nº 6223, https://n9.cl/pmjkz.

STEVIS, D. y FELLI, R. (2020): "Planetary just transition? How inclusive and how just?", *Earth System Governance*, vol. 6, nº 100065, https://n9.cl/a5au9.

SWEENEY, S. y TREAT, J. (2018): "Trade unions and just transition: The search for a transformative politics", nº 11, Nueva York, Trade Unions for Energy Democracy, https://n9.cl/scosql.

WANG-ERLANDSSON, L. *et al.* (2022): "A planetary boundary for green water", *Nature Reviews Earth & Environment*, vol. 3, pp. 380-392, https://n9.cl/ztacv1.

WIDUTO, A.; EVROUX C. y SPINACI S. (2023): "From growth to 'beyond growth': Concepts and challenges", European Parliamentary Research Service, https://n9.cl/fl98h.

WILLIS, R. *et al.* (2019): "Getting energy governance right", *Lessons from IGov*, https://n9.cl/qa28m.

CAPÍTULO 2

HACIA UN MARCO INTEGRADO DE TRANSICIÓN JUSTA

APLICANDO LA PERSPECTIVA ÉTICA A UN ENFOQUE DE TRANSICIÓN

Los procesos de construcción de la perspectiva ética en un enfoque de transición, tiene sus antecedentes en la consideración de las implicaciones morales de las transiciones energéticas, asegurando que no se perjudique desproporcionadamente a los más vulnerables y que las cargas y beneficios de la transición sean distribuidos de manera equitativa. En el caso de las transiciones energéticas, el debate en torno a la responsabilidad de los países desarrollados hacia los países en desarrollo, dado que los primeros han contribuido en mayor medida al cambio climático, es un elemento muy relevante a destacar que entronca con los paradigmas de justicia energética y ambiental.

En este sentido, algunos autores y corrientes filosóficas relevantes incluyen:

- Teoría de la justicia (John Rawls): este filósofo político desarrolló la teoría de la justicia como equidad, que se basa en el principio de que las desigualdades sociales y económicas son aceptables siempre y cuando beneficien a los menos favorecidos de la sociedad. En el contexto de una transición justa, esto implicaría asegurarse de que aquellos que podrían verse más afectados por los cambios climáticos y las políticas de mitigación reciban una consideración especial y un trato equitativo.

- Ética del cuidado (Carol Gilligan): Gilligan es conocida por su trabajo en la ética del cuidado que enfatiza la importancia de las relaciones interpersonales, la empatía y el cuidado en la toma de decisiones éticas. En una transición justa, este enfoque podría destacar la necesidad de considerar el bienestar de las comunidades y las personas afectadas por las políticas climáticas y de energía, y asegurarse de que se les cuide y se les proteja.
- Ética ambiental (Aldo Leopold): Leopold es conocido por su ética de la "tierra como comunidad" y su idea de que los seres humanos deben actuar como miembros responsables de la comunidad biótica más amplia. En el contexto de una transición justa, la ética ambiental enfatiza la importancia de proteger no solo a las personas, sino también a los ecosistemas y a toda la vida en la Tierra.
- Ética de la consideración (Corine Pelluchon): Pelluchon es una filósofa francesa que se ha centrado en las relaciones éticas no solo entre humanos, sino con todos los seres vivos, integrando esta visión en un proyecto político de transformación social hacia la sostenibilidad. Ha abordado también cuestiones como el poscrecimiento desde la revisión de los imaginarios sociales que operan en la realidad ofreciendo tanto oportunidades como restricciones para el accionar de los sujetos, así como su capacidad transformadora de la acción como una reacción a los determinismos[5].

5. Una de las contribuciones más relevantes en este campo es el interés creciente en las ciencias sociales por los sujetos y su capacidad transformadora de la acción y su consolidación como una reacción a los determinismos. En este sentido, Corine Pelluchon, indica que las alternativas para evitarlos pasan por fortalecer redes de intercambio de experiencias, generar alianzas entre movimientos ecologistas, feministas, anticapitalistas, generar presión social desde abajo que normalice prácticas poscrecimiento y documentar y difundir historias de transición exitosas entre otros factores.

Pero más allá de estos enfoques, este volumen apuesta por una transversalización de la perspectiva ética que implica procedimientos sistemáticos, continuos y planificados de reflexión, evaluación ética y una integración estructural sistémica. En este sentido, el mayor potencial que la transversalización de la perspectiva ética tiene es la de aportar una visión integradora capaz de unificar y proporcionar impulso estratégico a cuestiones éticas y de calado político de forma articulada (Ribeiro; Smith y Millar, 2016), permitiendo un enfoque transformativo, crítico y radical, con innovaciones y organizaciones dedicadas a resolver problemas sociales globales y para ayudar a desarrollar un ambiente organizacional más dimensionado socialmente.

Por transversalidad ética (o *mainstreaming* ético) entendemos la integración sistemática y holística de consideraciones éticas en todas las dimensiones, niveles y fases de políticas, programas, proyectos, organizaciones o procesos de toma de decisiones. No se trata de añadir la ética como un componente adicional o marginal, sino de incorporarla como un eje vertebrador que atraviesa horizontalmente todas las acciones y estructuras, que como indicamos en la introducción, no restringe, sino que impulsa.

El término "transversalización"[6] (del inglés *mainstreaming*) se popularizó inicialmente en el ámbito de las políticas de género durante los años 90, pero como enfoque se ha extendido posteriormente a otras dimensiones como las de los derechos humanos, sostenibilidad ambiental y, recientemente, en abordajes de la ética organizacional.

La transversalización implica procedimientos sistemáticos, continuos y planificados de reflexión, una evaluación ética, una integración estructural en procesos como el diseño de políticas y estrategias, la planificación operativa y la rendición de cuentas.

Además, involucra a diversos actores y grupos de interés por lo que puede integrarse en las dimensiones de participación de los

6. El término transversalización (del inglés *mainstreaming*) se popularizó inicialmente en el ámbito de las políticas de género durante los años noventa, particularmente tras la IV Conferencia Mundial sobre la Mujer en Beijing (1995), donde se adoptó el concepto de *gender mainstreaming* o transversalización de la perspectiva de género.

procesos de transición justa previamente descritos. Un enfoque de transversalización ética aplicada a la transición justa implica que, por ejemplo, las consideraciones de justicia social, equidad intergeneracional y derechos laborales no sean añadidos opcionales a las políticas climáticas, sino dimensiones constitutivas y una participación efectiva de las comunidades afectadas y justicia ambiental.

Implica igualmente una reflexión de fondo enfocada en un alcance más sistémico centrándose en los resultados sociales y económicos que la transición genera y de cómo estos pueden compararse con las condiciones previas a la transición. Esta perspectiva plantea preguntas como si es necesario, lícito, justo o eficiente acometer los cambios sociales, económicos y tecnológicos transformadores, y si estos crean sociedades y economías más justas o, por el contrario, refuerzan injusticias y desigualdades.

LA ÉTICA DEL CUIDADO

La noción de cuidado, tradicionalmente asociada a la esfera privada de la vida de las personas, está comenzando a ser reconocida como un valor de considerable relevancia pública incluyendo el ámbito empresarial. Sin embargo, la tarea de definir el concepto de cuidado en este contexto resulta intrínsecamente compleja, ya que requiere una atención especial a elementos ontológicos fundamentales, tales como la interdependencia y las relaciones de cooperación. Esto implica la necesidad de cuestionar y transformar las jerarquías y dominaciones basadas en género, raza, clase o etnicidad que aún persisten en las dinámicas empresariales contemporáneas.

Para comprender adecuadamente el concepto de cuidado y sus implicaciones, es fundamental profundizar en la ética del cuidado. Esta se sustenta en una concepción del individuo como un ente cuya existencia está inextricablemente condicionada por sus interacciones con los demás, lo que requiere que sus acciones respondan a las necesidades recíprocas de los seres humanos. Dicho enfoque contrasta notablemente con la noción predominante en los últimos siglos dentro de la tradición occidental, que considera al ser humano como un ente autónomo e independiente. En consecuencia, la ética del cuidado subraya la importancia de analizar las particularidades de cada situación para proporcionar una respuesta moral adaptada a las circunstancias específicas y a las necesidades concretas de las personas involucradas, destacando a su vez la relevancia de la sensibilidad y las emociones en la formulación de decisiones éticas, en oposición a aquellas corrientes éticas basadas en un conjunto inmutable de normas o principios.

Con el objetivo de proporcionar una comprensión más profunda de la ética del cuidado, esta sección examinará su origen y sus implicaciones en la concepción del individuo. Posteriormente, se definirá el concepto de cuidado y sus elementos éticos. Finalmente, se evaluarán las contribuciones y los desafíos que la ética del cuidado presenta en el contexto empresarial.

EL NACIMIENTO Y DESARROLLO DE LA ÉTICA DEL CUIDADO

La ética del cuidado se consolidó a partir de los estudios de Carol Gilligan sobre el desarrollo moral en las mujeres inspirados en los trabajos de su mentor, Lawrence Kohlberg. Este último investigó el desarrollo moral en seres humanos mediante una muestra de 84 niños a lo largo de 20 años, postulando que dicho desarrollo se da de manera secuencial a lo largo de la vida; es decir, a medida que los individuos maduran, transitan de etapas inferiores a otras de mayor complejidad y abstracción en la consideración de cuestiones éticas.

No obstante, otros estudios evidenciaron que aquellos grupos excluidos de la muestra original —como las niñas y ciertos colectivos raciales— raramente alcanzaban los niveles superiores de desarrollo moral, siendo el caso de las mujeres particularmente notable. Según los hallazgos, en general, las mujeres tendían a permanecer en un estadio inferior en el que la moralidad se concebía en términos interpersonales y la bondad se asociaba con acciones orientadas a ayudar y agradar a los demás. Kohlberg sostenía que esta manifestación de bondad resultaba funcional en el contexto doméstico de las mujeres; sin embargo, postulaba que, al integrarse en la esfera pública, podrían progresar hacia una etapa superior análoga a la de los hombres en la cual las relaciones se subordinan a principios universales, tales como la justicia.

Ante esas observaciones, Gilligan se propuso investigar el desarrollo de los juicios morales en las mujeres. Sus hallazgos revelaron que ellas fundamentan su razonamiento moral dando prioridad a los vínculos afectivos y a la sensibilidad frente a las necesidades de los demás. De esta manera, los dilemas morales no surgen del enfrentamiento de derechos, sino de la tensión entre responsabilidades. En su estudio, Gilligan concluyó que este enfoque de la moralidad no constituye una manifestación de inferioridad en el desarrollo moral, sino una dimensión ética distinta que valora primordialmente la empatía, la conexión y el sostenimiento de las relaciones.

Dichos hallazgos permitieron identificar dos enfoques complementarios en la moralidad: el de la justicia y el del cuidado. El primero se sustenta en principios morales universales y otorga preeminencia a los argumentos racionales, mientras que el segundo se enfoca en las necesidades individuales, promoviendo la preservación y reparación de las relaciones interpersonales, a la vez que valora la narrativa y la sensibilidad contextual. En este sentido, la ética del cuidado postula que alcanzar la madurez moral exige reconocer la relevancia de ambos enfoques.

Desde los estudios de Gilligan, la ética del cuidado ha experimentado una evolución enriquecida por las contribuciones de diversas autoras, lo que ha permitido identificar ciertas características comunes. En primer lugar, esta corriente enfatiza la relevancia de las relaciones interpersonales y la interdependencia entre los seres humanos a lo largo de su vida, asumiendo la responsabilidad de atender y satisfacer las necesidades ajenas, prestando particular atención a la vulnerabilidad de las personas. Se postula que el cuidado constituye un componente esencial de la experiencia humana siendo pertinente para todos los individuos, independientemente de su género.

En segundo lugar, la ética del cuidado rechaza la concepción de un razonamiento exclusivamente abstracto e imparcial, cuestionando teorías fundamentadas de manera exclusiva en principios abstractos y universales. En su lugar, aboga por una aproximación que integra la dimensión emotiva y relacional a fin de alcanzar respuestas morales más equilibradas y humanizadas. Este enfoque reconoce que la madurez moral implica tanto la adopción de principios racionales universales como el reconocimiento de las particularidades inherentes a las relaciones personales.

En tercer lugar, la ética del cuidado desafía la tradicional dicotomía entre el ámbito público históricamente dominado por los hombres y el privado, en el cual se concentra la actividad femenina. En este sentido, se propone que las cuestiones morales surgidas en la vida privada, tales como el cuidado, deben ser objeto de debate en el ámbito público considerándolas esenciales para alcanzar una mayor justicia.

Al poner en primer plano la interdependencia humana, la ética del cuidado ofrece una perspectiva alternativa al individualismo que ha predominado en numerosos campos de estudio durante los últimos siglos y que ha marcado la sociedad occidental. Por ello, es fundamental profundizar en el análisis de la condición humana como un ser inherentemente interdependiente.

UNA VISIÓN INTERDEPENDIENTE DEL SER HUMANO

Aunque hoy en día se acepta la idea de la interdependencia entre los seres humanos, es preciso matizar que esta se contrapone a la concepción del individuo como un ente racional y autónomo comprometido con la defensa de sus propios intereses, tal como lo proponen las teorías político-económicas liberales. Según estos enfoques, la sociedad se conforma por individuos autónomos e independientes que, mediante la cooperación, persiguen sus objetivos personales. Bajo esta óptica, la dependencia se percibe de forma negativa, pues se entiende que mermaría la autonomía individual al limitar la capacidad para formular juicios propios y someterse a la influencia de otros. En tales sociedades, la preeminencia se concede inicialmente a los individuos y, en segunda instancia, a las relaciones entre ellos. La comprensión del otro se aborda desde una perspectiva general en la cual las normas de interacción se establecen en el ámbito público e institucional, predominando las categorías morales del derecho y la obligación, y asociados a ellas sentimientos como el respeto, el deber, la dignidad y el mérito.

En contraposición, la ética del cuidado se distancia de esta visión tradicional al conceptualizar a los seres humanos como entes relacionales e interdependientes. Esta corriente sostiene que las personas requieren de la contribución mutua para satisfacer sus necesidades fundamentales cotidianas, participando colectivamente en el sostenimiento de la vida. En este marco, la dependencia se entiende no como una pérdida de control o poder, sino como una capacidad para influir en los demás y que, a su vez, empodera tanto al individuo como al colectivo.

Desde la óptica de la ética del cuidado, el otro se contempla como un ser concreto, cuyas necesidades y motivaciones deben ser abordadas de manera particular, en contraste con una visión generalizada. Los individuos no existen de forma aislada, sino que se desarrollan en relación con otros, de modo que estas conexiones configuran su identidad personal. Por ello, los principios que rigen la interacción se fundamentan en la amistad, el amor y el cuidado, mientras que las categorías morales relevantes incluyen la responsabilidad, la cercanía y la compartición.

Asimismo, el concepto de dependencia se vincula estrechamente con la noción de vulnerabilidad inherente al ser humano derivada de su condición corporal, así como de su naturaleza afectiva y social. Dicho estado de vulnerabilidad puede intensificarse en función de circunstancias sociales, políticas, económicas o medioambientales específicas, motivo por el cual resulta imprescindible considerar de manera conjunta tanto la vulnerabilidad ontológica como la que emana del entorno.

La ética del cuidado destaca la importancia de reconocer la vulnerabilidad, ya que dicho reconocimiento posibilita la transformación tanto de su significado convencional como de su propia estructura. Al admitir la vulnerabilidad, se abre un espacio propicio para el encuentro con el otro, lo cual favorece el surgimiento de sensibilidades vinculadas al cuidado, tales como la simpatía y la empatía, y promueve prácticas orientadas a atender las necesidades ajenas. En definitiva, comprender la propia vulnerabilidad se configura como condición indispensable para el establecimiento de vínculos humanos profundos y enriquecedores.

¿QUÉ ES EL CUIDADO?

Virginia Held (2005) sostenía que el cuidado puede manifestarse de diversas formas y, a medida que se desarrolla la ética del cuidado, nuestra interpretación de dicho concepto debería evolucionar. Varios académicos especializados en la materia coinciden en sostener que el cuidado es una actividad que debe concebirse de manera amplia, trascendiendo las limitadas dimensiones de las relaciones maternofiliales o amistosas, ya que, según argumentan Fisher y Tronto (1990), estas podrían enmascarar tanto su dimensión social como los conflictos inherentes a su práctica. Por consiguiente, se recomienda considerar el cuidado en el marco de relaciones más amplias que posibiliten la formación de grupos, organizaciones e instituciones políticas y sociales, así como su vinculación con problemáticas globales compartidas, dado que esta actividad está estrechamente relacionada con nuestra necesidad de supervivencia y con la gestión de recursos materiales, a menudo escasos.

Con base en esta perspectiva, Fisher y Tronto elaboraron una definición de cuidado que se erige como referente en esta ética: se entiende como "una actividad específica que incluye todo lo que realizamos para mantener, continuar y reparar nuestro mundo, de modo que podamos vivir en él de la mejor manera posible. Este mundo comprende nuestros cuerpos, nosotros mismos y nuestro entorno, elementos que entrelazamos en una compleja red que sustenta la vida". Dicha definición subraya que el cuidado no se limita únicamente a las personas, sino que se extiende a objetos y abarca una red de relaciones interdependientes, lo cual permite que opere en los ámbitos social y político según las prácticas instituidas en cada sociedad. Además, destaca la naturaleza cotidiana de dicho proceso.

Cuando el cuidado se concibe como una práctica, se presupone que su desarrollo debe articularse en un proceso. En este sentido, Fisher y Tronto identifican cuatro fases: preocuparse por (*caring about*), encargarse de (*taking care of*), proveer cuidado (*caregiving*) y recibir cuidado (*care receiving*). Cada etapa constituye una precondición indispensable para el desarrollo de la siguiente. No obstante, reconocen que, en la praxis, estos estadios pueden manifestarse de forma desordenada o incluso contradictoria. Además, señalan que la ejecución del proceso de cuidado no es atribuible a un único individuo, sino que puede involucrar a diversos actores, quienes deben aportar recursos variados —como disponibilidad de tiempo, medios materiales, conocimientos y habilidades— los cuales deben complementarse a lo largo del proceso para evitar desequilibrios susceptibles de derivar en patrones de cuidado ineficaces o perjudiciales. Por ende, resulta esencial una comprensión detallada de las particularidades de cada fase de este proceso a fin de prevenir tales situaciones.

Preocuparse por

Esta etapa exige una atención minuciosa al entorno orientada a la continuidad, mantenimiento y reparación de lo que nos rodea. Para llevar a cabo esta tarea de manera eficaz, resulta imprescindible contar con un conocimiento profundo de la situación derivado de dos competencias esenciales: la percepción y atención del entorno, en conjunto con sentimientos de amor, afecto, empatía y simpatía, que facilitan la conexión con los demás e incentivan la preocupación por su bienestar. En este contexto, la ignorancia se configura como un obstáculo que impide el correcto inicio del proceso de atención.

Teniendo en cuenta lo anterior, es importante precisar que aquello que nos genera preocupación contribuye a definir nuestra identidad, tanto en el ámbito individual como en el colectivo, influyendo en la cultura de cuidado que se va gestando en la sociedad.

Encargarse de

Esta etapa consiste en iniciar y sostener las actividades de cuidado, es decir, en asumir la responsabilidad de dichas acciones a través de la competencia fundamental del juicio, el cual implica un discernimiento crítico acerca de la mejor forma de proceder. Este juicio debe ponderar cuidadosamente las condiciones y demandas de cada situación, considerando los aspectos racionales, afectivos y relacionales. Dicha responsabilidad exige un conocimiento que permita prever los resultados de las intervenciones, ya que existe la obligación de responder por las consecuencias que estas pudieran acarrear, adoptando una perspectiva prospectiva.

En esta fase, resulta imperativo tener en cuenta los recursos disponibles para cumplir con la responsabilidad asumida, puesto que su carencia dificulta la adecuada gestión de las necesidades. Este aspecto es crucial, ya que, tal como señalan Fisher y Tronto, el intento de asumir una responsabilidad sin contar con los recursos suficientes provoca un desequilibrio que puede llevar a disminuir la preocupación por la persona, grupo o situación involucrada, distorsionando de esta forma el proceso de cuidado.

Cuidar

Esta etapa comprende la intervención directa, centrada en la preservación y restauración del entorno. En este ámbito, competencias como la experiencia y el discernimiento adquieren una relevancia primordial. Tronto define este periodo como el instante en el que el encargado del cuidado establece un contacto efectivo con la persona o colectivo que recibe dicha atención.

Recibir cuidado

En esta etapa se analiza el proceso de cuidado desde la perspectiva de quienes lo reciben. Es imprescindible tener en cuenta la capacidad individual de cada receptor, pues cada uno cuenta con su propio marco temporal y un conocimiento íntimo de sus necesidades. Con frecuencia, pueden surgir desacuerdos entre cuidadores y receptores, especialmente cuando no se alcanza un consenso acerca de las demandas que requieren atención; situación que se agudiza en contextos de marcada desigualdad de poder. Esta fase resulta decisiva, ya que permite al cuidador evaluar con claridad si se han satisfecho las necesidades identificadas y si la estrategia implementada ha sido la más adecuada. Asimismo, pueden emerger nuevas necesidades que inauguren un nuevo ciclo de cuidado.

En su profundización acerca del cuidado, Tronto introduce una quinta etapa del proceso, denominada "cuidar con" (*caring with*) que enfatiza la importancia de concebir el cuidado como un elemento intrínsecamente colectivo en la sociedad. Esta fase plantea que las estrategias utilizadas para atender las necesidades deben estar en consonancia con los principios democráticos de justicia, igualdad y libertad para todos. La igualdad en el cuidado no se alcanza a través de la perfección de las acciones individuales, sino mediante la confianza en la reciprocidad, en la que cada parte asume responsabilidades en un contexto determinado. Esto conlleva la necesidad de establecer un diálogo que permita distribuir equitativamente dichas responsabilidades.

En años posteriores, Tronto precisó que cada una de las fases del proceso de cuidado se vincula a un elemento ético específico.

ELEMENTOS ÉTICOS DEL CUIDADO

Una vez delineado el desarrollo del proceso de cuidado, resulta fundamental comprender los elementos éticos que le están asociados.

Atención

Este elemento ético se vincula con la etapa inicial del cuidado, consistente en preocuparse por los demás. En esta fase, es fundamental reconocer las necesidades ajenas, lo cual exige prestar atención a cada persona en su contexto particular. En la sociedad actual, prestar dicha atención resulta complejo y, de hecho, Tronto (1993) lo considera un logro moral significativo. Ignorar a los otros se configuraría como una forma de maldad o deficiencia moral, dado que la primera obligación del ser humano es identificar las necesidades de los demás. Promover la atención hacia los otros implica otorgar al cuidado un rol preponderante en la vida social, lo que requiere reconocer las propias necesidades de cuidado y aceptar la vulnerabilidad inherente al ser humano interdependiente, capaz de equilibrar sus necesidades personales con las de los demás.

Responsabilidad

La responsabilidad constituye el elemento ético correspondiente a la fase de "encargarse de" en el proceso de cuidado. Tronto distingue la responsabilidad de la obligación, ya que esta última se fundamenta en deberes establecidos mediante acuerdos formales. En cambio, la responsabilidad de cuidar surge como consecuencia de nuestras acciones u omisiones, las cuales provocan necesidades en terceros y, por ende, generan una legítima preocupación.

La responsabilidad puede adoptar diversas connotaciones. Por un lado, existe la responsabilidad retrospectiva que analiza el pasado y establece una relación causal entre una acción llevada a cabo y las consecuencias derivadas de ella. Por otro lado, se presenta la responsabilidad prospectiva, orientada hacia el futuro, que requiere considerar las repercusiones que nuestros actos puedan acarrear, generando así un compromiso también con las generaciones venideras.

Competencia

Este principio ético se manifiesta en la tercera etapa del proceso de cuidado, centrada en la acción de cuidar. Se considera que una persona es competente cuando posee las calificaciones y habilidades necesarias para llevar a cabo dicha acción. Es importante destacar que, como se ha mencionado anteriormente, no resulta indispensable que una única persona asuma la totalidad del proceso de cuidado. Por consiguiente, la asignación de las diversas tareas a lo largo del proceso, de modo que se asegure la complementariedad de las capacidades de cada uno de los involucrados, resulta crucial para que el cuidado se consigne como una práctica exitosa.

Responsividad

La responsividad se vincula con la cuarta fase del proceso de cuidado, en la cual se enfatiza el rol del receptor. Este enfoque resalta la importancia de analizar la respuesta de la persona beneficiaria ante el cuidado recibido. En consecuencia, es fundamental comprender al otro desde su perspectiva única, reconociendo que cada individuo posee características y contextos propios que lo distinguen de los demás.

Pluralidad, comunicación, confianza, respeto y solidaridad

Estos fundamentos éticos relacionados con el proceso de cuidado se asocian a la fase denominada "cuidar con". Se postula que resultan indispensables para que los individuos asuman la responsabilidad colectiva del cuidado, reconociendo a las personas tanto como proveedores como receptores de este, y para promover la reflexión acerca de la naturaleza de las necesidades de cuidado en la sociedad. Tronto plantea que los elementos éticos previamente desarrollados conciben al ciudadano como una persona atenta, responsable, competente y receptiva, mientras que estos nuevos elementos facilitan el compromiso de los ciudadanos y les brindan beneficios en ese proceso.

A continuación, la tabla 2 resume el proceso de cuidado y sus elementos éticos según lo expuesto hasta el momento.

TABLA 2

RESUMEN DEL PROCESO DE CUIDADO Y SUS ELEMENTOS ÉTICOS

Fases del proceso de cuidado	Elementos éticos de cuidado
Preocuparse por	Atención
Encargarse de	Responsabilidad
Cuidado	Competencia
Recibir cuidado	Responsividad
Cuidar con	Pluralidad, comunicación, confianza, respeto y solidaridad

Fuente: Elaboración propia a partir de *Tesis doctoral inédita*, González (2025).

Una vez que se ha delineado con precisión la ética del cuidado, resulta indispensable examinar tanto las contribuciones como las limitaciones que esta perspectiva puede experimentar al aplicarse en el ámbito empresarial.

CONTRIBUCIONES Y LIMITACIONES DE LA ÉTICA DEL CUIDADO EN EL ÁMBITO EMPRESARIAL

Tradicionalmente, el cuidado ha sido concebido como un valor relegado al ámbito privado, lo que ha limitado su aplicación en el entorno empresarial, característico de la esfera pública. En este contexto, el énfasis que la ética del cuidado pone en la interconexión entre las personas y en la necesidad de cooperación para el crecimiento y el bienestar mutuo podría parecer ajeno al competitivo ámbito corporativo. Sin embargo, la adopción de la ética del cuidado como marco referencial resulta plenamente coherente, puesto que las empresas se constituyen en redes interconectadas de relaciones personales que configuran tanto la identidad, como el devenir de sus integrantes, quienes poseen distintos niveles de relevancia para la organización. La incorporación del cuidado en dichas relaciones genera beneficios recíprocos, incidiendo de manera positiva en todas las actividades desarrolladas en el seno de la entidad.

Asimismo, la ética del cuidado en el ámbito empresarial se ocupa del desafío que representa la sostenibilidad, entendida esta última como la promoción de estilos de vida que garanticen recursos justos y amplios para las generaciones venideras. Esta perspectiva postula que tanto las relaciones intergeneracionales como la interacción con el medio ambiente deben gestionarse de forma responsable. En la medida en que la ética del cuidado centra su atención en la preservación de la vida, el fomento de negocios que impulsen la sostenibilidad ha de considerarse no solo como una virtud, sino también como un estímulo para alcanzar un ideal empresarial que equilibre diversos objetivos. En consecuencia, se recomienda la adopción de un marco decisional prospectivo que contemple los intereses de las futuras generaciones.

Sin embargo, la aplicación de la ética del cuidado en el ámbito empresarial no está exenta de dificultades. Por ejemplo, esta corriente enfatiza rasgos como la empatía y la consideración por los demás, características a menudo percibidas como debilidades en los negocios, cuyo entorno se asocia tradicionalmente con valores masculinos y una orientación hacia la competitividad y la obtención de beneficios. En consecuencia, se puede considerar que, aunque la ética del cuidado aporta aspectos positivos, en ocasiones se presenta más como un ideal que como una realidad en un contexto marcado por la agresividad y la autopromoción. Así, si se insiste exclusivamente en el cuidado sin indagar en las razones fundamentales para preocuparse por el otro o en la conveniencia de hacerlo en cada circunstancia, la eficacia de esta ética en el ámbito empresarial podría verse comprometida.

Adicionalmente, la ética del cuidado puede resultar ambigua y no ofrecer directrices precisas para la toma de decisiones en el entorno corporativo. Por ejemplo, no queda claramente definido quiénes constituyen "el otro" por el cual la empresa debe preocuparse, ni se establecen mecanismos para equilibrar las medidas de cuidado en situaciones de conflicto de intereses. Desde la perspectiva de esta ética, dicha ambigüedad se percibe como una oportunidad para implementar un razonamiento práctico.

Otra problemática que se presenta en su aplicación es la necesidad de reconocer que, aunque el cuidado es un valor fundamental, por sí solo podría no ser suficiente para definir una conducta ética en la gestión de personas. Atributos adicionales como la organización, la comunicación, la justicia, la responsabilidad y la confiabilidad resultan igualmente relevantes. Ante esta crítica, se argumenta que estos rasgos se encuentran incluidos dentro de una concepción amplia de la ética del cuidado.

Es menester considerar, asimismo, que las empresas constituyen microcosmos morales donde pueden suspenderse ciertas consideraciones éticas presentes en la vida cotidiana, como ocurre cuando se percibe a los empleados meramente como recursos instrumentalizados para los fines corporativos, lo que puede derivar en situaciones de injusticia. La implantación de la ética del cuidado en estos entornos permitiría revertir tal situación al reconocer a los trabajadores como fines en sí mismos, mejorando de este modo las relaciones internas de la organización.

En definitiva, la ética del cuidado debe entenderse primordialmente como una orientación hacia el mundo que valora las capacidades sensibles y comunicativas del ser humano. Dichas facultades cognitivas, afectivas, intuitivas e imaginativas deben aplicarse a cada situación particular y se reflejan en competencias como el cuestionamiento, la escucha, la observación, la autorreflexión, la articulación, la conversación, el razonamiento práctico, la atención, la responsividad y la empatía.

PERSPECTIVA ÉTICA DE LA GOBERNANZA

ANTECEDENTES

Como hemos visto en apartados anteriores, el concepto de gobernanza es un elemento que emerge como imprescindible dentro de los modelos de innovación y en la evolución hacia enfoques de transición. Los antecedentes de la emergencia del concepto de gobernanza asociado a procesos de transición la encontramos en el movimiento hacia nuevos modelos de gobernanza de la innovación que crean la posibilidad de enfoques alternativos y las tendencias hacia una mayor participación pública, la necesidad de hacer la innovación más democrática, el creciente desarrollo de estrategias para respaldar los resultados sociales de la innovación y el declive en la deferencia y consideración de los modelos de gestión horizontal, en general, y hacia la autoridad experta en particular.

Estas tendencias contrastan con las consideraciones tradicionales de gobernanza entendida como el gobierno a través del establecimiento y verificación del desempeño de objetivos y medios. En este sentido, la naturaleza disruptiva de los nuevos modelos de gobernanza de la innovación radica en el potencial de reemplazar el control por el consenso, proceso que trae consigo incorporar la filosofía subyacente del consenso distribuido, el acceso abierto a los contenidos y productos, la transparencia y toma de decisiones basada en la comunidad, así como la transgresión de los límites tradicionales respecto a la provisión y distribución del financiamiento y la regulación de las actividades de innovación a través de la inclusión de medios culturales y normativos entendidos como blandos, en contraste con los medios provenientes de la normas e instituciones e institucionales entendidos como procedimientos duros.

La transición justa se expande a través de la gobernanza participativa y la inclusión de la ciudadanía en la cocreación de proyectos, siendo este último un prerrequisito. Este enfoque integrado garantiza un desarrollo sostenible que es equitativo, responsable y efectivo. Aunque también es verdad que existen indicios que exigen todavía un mayor desarrollo en términos de cómo se involucran los ciudadanos, cómo se posicionan entre otros participantes y por qué se les involucra. Así, tanto la creación como la adopción de decisiones deben darse dentro de un modelo de corresponsabilidad entre todos los agentes presentes en la comunidad, reflejando un enfoque integral y participativo en las transiciones hacia la sostenibilidad.

Dentro de este paradigma, la participación comunitaria y la gestión de conflictos son esenciales en los proyectos de transición, subrayando la importancia de la gobernanza participativa y la toma de decisiones conjuntas y conscientes. Tanto la creación como la adopción de decisiones se debe dar dentro de un modelo de corresponsabilidad entre todos los agentes presentes en la comunidad.

LA INNOVACIÓN RESPONSABLE

La recuperación de las consideraciones éticas dedicadas a abordar las controversias presentes y futuras de ciencia y tecnología de manera más eficiente es una parte muy relevante de estas nuevas tendencias en cuanto a considerar los modelos de gobernanza de la innovación. Esto hace que tanto los objetivos como las consideraciones normativas se transformen en propuestas para incorporar las dimensiones que son necesarias para reflejar una gama de necesidades sociales y ambientales y para unir los dominios científicos, tecnológicos y sociales, resultando en un compromiso de equilibrar lo que es posible y lo que es deseable.

La consideración de aspectos éticos dentro de la innovación tecnológica estuvo en el núcleo de la búsqueda de gobernanza desde que la atención temprana de este concepto aparece en el ámbito político. Aunque en enfoques alternativos, los aspectos éticos de las nuevas tecnologías ya no se ven como una restricción, sino como un estímulo.

Esta consideración se operacionaliza a través de la propuesta de mecanismos que abordan los desafíos sociales alineando los valores, necesidades y expectativas de todos los actores involucrados. Además, se impulsa por el uso de un proceso interactivo gobernado por los principios de aceptabilidad ética, sostenibilidad y deseabilidad social.

Un ejemplo de un nuevo modelo de gobernanza que ha ganado creciente atención y se encuentra alineado dentro de las tendencias mencionadas es la política europea de Investigación e Innovación Responsable, *Responsible Research and Innovation* (RRI). La RRI es una iniciativa propuesta por la Comisión Europea como un elemento clave del programa Horizonte 2020 y Horizonte Europa en el cual la ambición triple de ciencia excelente, industria competitiva y una mejor sociedad coloca la innovación en el centro de atención para abordar una serie de desafíos sociales bien elegidos, por ejemplo, para contribuir a una transición hacia una economía baja en carbono e inclusiva.

La gobernanza para la RRI significa intentar cambiar los sistemas de ciencia e innovación hacia desafíos sociales definidos democráticamente. En su esfuerzo por generar un marco de gobernanza normativo y comprensivo para la innovación, la RRI llama a conectar diferentes aspectos de la relación entre I+I y la sociedad dando lugar a una serie de principios que emergen motivados por el deseo de buscar participación ciudadana y de actores sociales en investigación e innovación, alfabetización y educación científica, igualdad de género, acceso abierto al conocimiento científico, resultados de investigación y datos, y gobernanza y ética de investigación e innovación.

Es importante destacar, que el eje vertebrador de la innovación responsable es el de lograr una buena gobernanza, que se propone alcanzar a través del establecimiento de agendas de investigación, el uso de coproducción de conocimiento y la implementación de sistemas alternativos de medición de impactos y rendición de cuentas. Esos objetivos, que se transforman en dimensiones conceptuales que agrupan aspectos analíticos y empíricos, implican que la RRI se estructura en el cumplimiento de dos misiones fundamentales:

- El desarrollo de agendas de investigación específicas: las agendas de investigación RRI están guiadas por las claves de educación científica, acceso abierto, participación, ética, género y gobernanza que fueron actualizadas con dos áreas más de relevancia: justicia social y sostenibilidad, incluidas en la RRI como una expresión de los objetivos políticos, ya que fueron la columna vertebral de la estrategia europea.
- La reformulación del proceso de investigación e innovación (siguiendo los principios y objetivos antes mencionados): la reformulación del proceso se propone llevar a cabo a través de la definición de atributos que la innovación necesita cumplir para ser considerada responsable, a saber,

anticipación, reflexividad, inclusión y deliberación, y capacidad de respuesta o anticipación, reflexión, participación y acción dependiendo de los enfoques.

Una visión general de la evolución de las racionalidades circundantes en torno a la RRI muestra que el enfoque de transición sociotécnica y la evolución de las teorías de innovación son los elementos que tienen más peso en el discurso actual. Es importante destacar que el discurso concerniente a la RRI es un paraguas muy amplio con un fondo teórico heterogéneo donde como antecedentes podemos destacar las perspectivas éticas, el apoyo a la innovación radical, los cambios en paradigmas tecnoeconómicos o en sistemas tecnológicos, así como enfoques de transición sociotécnica, de evaluación tecnológica, teorías de innovación o corrientes filosóficas y culturales. Estos antecedentes aún están presentes dentro del enfoque RRI, por ejemplo, en el caso de los atributos de la reformulación del proceso, que provienen de la perspectiva de Innovación Responsable (IR), un tipo de estrategia de evaluación tecnológica.

Desde 2013, la RRI ha adaptado enfoques de revoluciones tecnológicas, de gobernanza anticipatoria y la adopción de perspectivas holísticas de innovación alcanzando un nivel significativo de sofisticación y creciente importancia que va más allá de la visión original de la búsqueda de una buena gobernanza.

La integración de la innovación responsable en los procesos de transiciones se centra en involucrar la dimensión de este proceso con un conjunto de normas o incluso virtudes para prácticas relacionadas tanto con la evaluación de resultados como de opciones. La mejora de la innovación en términos de valores morales es esencial, pues se basa en el hecho de que las innovaciones nunca son neutras o libres de valores y, en consecuencia, los resultados necesitan ser la expresión de valores humanos.

Un ejemplo muy relevante en la aplicación de este marco es el caso de las transiciones energéticas, ya que las consideraciones asociadas a la responsabilidad han estado centradas en los procesos de participación pública, enfocados en crear consenso alrededor de la participación o aceptación social tradicional que asume que el acuerdo entre diversos *stakeholders* es deseable y posible en torno a una tecnología determinada.

Dada la centralidad de la participación en el proceso de cambio, hoy en día nos encontramos con enfoques en los que esta se ha convertido en transversal y obligatoria mediante la utilización de diversos métodos (grupos focales, jurados ciudadanos, foros de discusiones participativas, etc.). La participación no es solo un resultado, sino que se convierte en el objetivo del proceso.

Otros elementos que se observan en estos enfoques están relacionados con el tratamiento de cuestiones sociales, y con los enfoques de impacto sociopolítico casi siempre vinculados con las decisiones estratégicas en términos de preocupaciones éticas, como justicia y valores, pero también relacionadas con abordar el efecto de los resultados tecnológicos en la sociedad, y el bienestar de la comunidad.

LA TRANSICIÓN JUSTA COMO OPORTUNIDAD EN EL ENTORNO ORGANIZACIONAL

Como hemos abordado, la transición justa ofrece una oportunidad clave para las empresas en el marco del cambio climático y la sostenibilidad, así como la construcción de una cultura organizacional responsable. Pero son muchos los elementos a tener en cuenta como la necesidad de lograr una interdependencia de los sujetos de la socioeconomía actual y el poder considerar estrategias que trascienden de lo sectorial en las organizaciones.

En el ámbito empresarial, la transición justa implica una conducta responsable que respeta los derechos humanos y laborales, conforme a principios y directrices internacionales. Las empresas son llamadas a desempeñar un papel proactivo en la transición, no solo para mitigar los riesgos y costos sino también para aprovechar las oportunidades de innovación y desarrollo sostenible que la acción climática ofrece. La integración de estrategias financieras y tecnológicas que subrayan la transición climática es un aspecto crucial para la resiliencia y la productividad empresarial a largo plazo.

Por otro lado, la adopción de estrategias de transición hacia modelos empresariales verdes impacta directamente en la forma tradicional de las organizaciones, y esto requiere de un enfoque que trascienda los límites sectoriales tradicionales y busque una visión completamente integral.

¿Pero cuáles son las barreras, los elementos y la motivación más destacables para considerar una transición justa? Revisemos algunos de los conceptos a tener en cuenta. Ante esta duda de las empresas que, a pesar de no ser legalmente exigible, la aplicación de la perspectiva ética enfatiza su responsabilidad de ir más allá de las obligaciones legales, priorizando el bienestar de las comunidades y el medio ambiente. La transición justa no solo se trata de cumplir con la ley, sino de adoptar un enfoque proactivo en el cuidado de la sociedad y el planeta, reconociendo que las acciones de hoy tienen un impacto directo en las generaciones futuras.

La eliminación gradual de los sectores industriales no solo afecta a las apuestas por estrategias intersectoriales, sino que también tiene efectos indirectos en las economías locales. Por ello, es esencial considerar no solo los aspectos tecnológicos de la transición hacia un modelo verde, sino también su capacidad para generar empleo significativo, especialmente en contextos de pequeña escala[7].

Integrar la sostenibilidad territorial en las operaciones empresariales para adoptar prácticas que no solo beneficien al medio ambiente, sino que también mejoren la eficiencia y la resiliencia a largo plazo de la empresa es otra de las motivaciones a tener en cuenta.

La participación de las empresas en iniciativas de transición justa no solo mejora su imagen y reputación frente a consumidores y *stakeholders*, sino que también refleja un compromiso con la

7. Si bien el empleo verde y sus derivadas son una parte esencial de la dimensión de empleo de la transición justa, salvo menciones de contexto, no es el objeto de estudio de este volumen. Se puede ahondar más en organismos internacionales como la OIT. Ver sugerencias de lectura.

responsabilidad social. Esta inversión en sostenibilidad, aunque no ofrezca beneficios inmediatos, puede llevar a ahorros significativos y mayor eficiencia a largo plazo, así como aumentar la resiliencia frente a futuros cambios regulatorios y de mercado. Además, una empresa comprometida con estos valores atrae y retiene a empleados que comparten estos principios, mejorando la moral interna.

Por último, la transición hacia prácticas sostenibles también abre caminos hacia la innovación y el desarrollo de nuevos mercados y productos, posicionando a la empresa de manera estratégica para el futuro. Al asumir un papel líder en la transición hacia prácticas más sostenibles y justas, las empresas pueden asegurarse una ventaja competitiva en el futuro. Esta posición proactiva no solo las coloca a la vanguardia de la innovación y la sostenibilidad, sino que también las prepara para adaptarse rápidamente a los cambios en las preferencias del consumidor y las regulaciones ambientales. Al anticipar y liderar en estos cambios, las empresas pueden abrir nuevas oportunidades de mercado y establecerse como líderes en sus respectivos sectores, asegurando así su éxito y relevancia a largo plazo.

Entendida la motivación, también es comprensible que el esfuerzo por la transformación se debe dar de forma compartida (Galgóczi, 2018). En este sentido, la financiación de los proyectos debe tener una integración clara con la transición justa de los territorios. Desde la ONU (Organización Internacional del Trabajo, 2018) se ha trabajado en el escenario de financiar la transición justa y se entiende que los Gobiernos tienen un papel central. Las empresas deben utilizar el ecosistema financiero para fomentar una transición justa en sus estrategias de negocio. Esto incluye enfocarse en financiamiento sostenible y mixto, y adoptar prácticas de divulgación de sostenibilidad, tanto obligatorias como voluntarias. Además, deben considerar los intereses de los inversores, clientes y otras partes interesadas para apoyar iniciativas de transición justa.

Es crucial integrar estas prioridades en las prácticas financieras, buscar oportunidades de negocio que promuevan una transición justa y desarrollar estrategias para alcanzar emisiones netas cero. Involucrar a la Administración, trabajadores y asociaciones empresariales en este proceso es también fundamental.

Una de las barreras más comunes en los entornos empresariales está relacionada con la consideración del poscrecimiento como enfoque vertebrador a la hora de hablar del cambio de modelo socioeconómico. En este sentido, una alternativa para eliminar los perjuicios a los procesos poscrecimiento, desde la perspectiva ética, pasa por entender que se trata de un concepto sociológico no tanto económico.

En la siguiente tabla 3 se muestran las estrategias de prejuicios específicos que pueden ayudarnos a ilustrar el carácter sociológico, así como los perjuicios comunes y las alternativas de respuesta.

TABLA 3

PREJUICIOS COMUNES Y RESPUESTAS PARA ENTENDER ESTE POSCRECIMIENTO COMO UN CONCEPTO SOCIOLÓGICO NO TANTO ECONÓMICO

PREJUICIO	ALTERNATIVA
"Es utópico/imposible"	Existen múltiples experiencias reales: cooperativas, economía del bien común, comunidades energéticas, mecanismos de finanzas éticas
"Significa empobrecimiento"	Se trata de riqueza relacional, temporal y ecológica, no solo monetaria o, por lo menos, que, como en el caso del tiempo, contempla la esfera monetizada y no monetizada de la economía
"Nos hace menos competitivos"	Redefine la competitividad como resiliencia comunitaria, calidad de vida y ciudadanía
"Es regresivo"	Integra tecnología apropiada y saberes tradicionales de forma innovadora y apuesta por una innovación responsable donde la perspectiva ética no restringe, sino que impulsa

Fuente: Elaboración propia.

Los aportes de la filósofa Corine Pelluchon (2019: 67) en este sentido, son muy relevantes, indicando que para eliminar estos prejuicios es fundamental trabajar en varios niveles, de los cuales observamos la construcción de movimientos sociales y cambio en las estructuras colectivas y culturas y elementos con gran calado en entornos organizacionales como los que se indica a continuación:

- Transformando los imaginarios sociales: creando nuevas narrativas culturales que desvinculen bienestar de crecimiento económico, visibilizando experiencias exitosas de comunidades que priorizan la suficiencia y el bienestar sobre la acumulación y desarrollando nuevos símbolos y referentes culturales que celebren la sostenibilidad y la solidaridad.

- Desmitificando el concepto mismo: si el poscrecimiento es una visión de futuro en la que la función principal de la actividad económica es el bienestar humano, como hemos ilustrado en secciones anteriores, esto no implica un rechazo al desarrollo o "antidesarrollo". Por el contrario, la propuesta reorienta el enfoque hacia un desarrollo cualitativo basado en la redistribución y la suficiencia (no la pobreza), y, de forma muy relevante, acepta la tecnología siempre que su uso esté orientado al bien común.
- Repensar los indicadores de éxito social: estos esfuerzos integrados de forma relevante en las propuestas de proponer y popularizar métricas alternativas al PIB como los Índices de Desarrollo Humano, Felicidad Nacional Bruta u Objetivos de Desarrollo Interior[8]. Se centran en esfuerzos para generar, por ejemplo, indicadores de ciudadanía comunitaria y organizacional, cohesión social o medidas de tiempo disponible y autonomía vital relacionadas con paradigmas como los usos sociales del tiempo[9].

En conclusión, la transición justa requiere un esfuerzo colaborativo entre gobiernos, instituciones financieras y empresas.

---

8. Los Inner Development Goals (IDG) u Objetivos de Desarrollo Interior son metas personales que van más allá de los logros materiales, enfocándose en el crecimiento personal, el bienestar emocional y la conexión con uno mismo y los demás, https://n9.cl/s4i7r.
9. Los usos del tiempo es un concepto que hace referencia a la distribución del tiempo en la vida cotidiana, teniendo en cuenta las necesidades personales en las diferentes etapas de la vida y analiza cómo las desigualdades sociales, económicas y de género afectan a la manera en que las personas organizan su tiempo. Las aportaciones más destacables en este sentido son la de la crítica al control del tiempo, que se torna un objetivo e instrumentos de poder por la capacidad constitutiva que tiene para dar forma a un tipo de sociedad injusta, y la reflexión de la relación del tiempo y el trabajo en la esfera monetizada y no monetizada de la economía, el uso desigual, los impactos y las desigualdades que genera.

Los gobiernos deben desempeñar roles múltiples, como inversores, reguladores y planificadores, para guiar recursos hacia industrias sostenibles y establecer políticas eficientes. Las entidades financieras deben enfocarse en la evaluación de riesgos, el desarrollo de productos financieros y el compromiso con las partes interesadas para apoyar la transición. Para las empresas, es esencial integrar estrategias de financiación sostenible y transparencia en sus operaciones, alineándose con los objetivos climáticos y de sostenibilidad, así como la transversalización de la perspectiva ética.

PREGUNTAS DE REFLEXIÓN:

- ¿Es necesario, lícito, justo o eficiente acometer los cambios sociales, económicos y tecnológicos transformadores?
- ¿Crean en el estado cambios sociedades y economías más justas, o por el contrario refuerzan injusticias y desigualdades?
- ¿En qué medida refleja la cultura de mi empresa alguno de los valores de la ética del cuidado?
- ¿Cuáles son los impedimentos que puedo encontrar en mi empresa para implementar un marco ético fundamentado en la ética del cuidado?
- ¿Qué conflictos pueden aparecer en la empresa al establecer un marco ético basado en la ética del cuidado?
- ¿Cómo pueden afrontarse estos conflictos?
- ¿Pero cuál es la motivación, barreras y elementos más destacables para considerar una transición justa?

SUGERENCIAS DE LECTURA

BRADLEY, P. *et al.* (2025): "Empirical research on green jobs: A review and reflection with practitioners", *Sustainable Futures*, nº 100527, https://n9.cl/1mcoln.

CONVENCIÓN MARCO DE LAS NACIONES UNIDAS SOBRE EL CAMBIO CLIMÁTICO (2016): "Just transition of the workforce, and the creation of decent work and quality jobs", Technical Paper, https://n9.cl/612c4.

FISHER, B. y TRONTO, J. C. (1990): "Toward a Feminist Theory of Caring", *Circles of Care: Work and Identity in Women's Lives*, pp. 35-63, Nueva York, SUNY Press.

FISHER, E. y RIP A. (2013): "Responsible Innovation: Multi-Level Dynamics and Soft Intervention", *Responsible Innovation: Managing the Responsible Emergence of Science and Innovation in Society*, https://n9.cl/tl5w5.

Galgóczi, B. (2018): "Just transition on the ground: Challenges and opportunities for social dialogue", *European Journal of Industrial Relations*, vol. 26, nº 4, pp. 367-382, https://n9.cl/e5uzva.
González, M. N. (2025): "Fundamentación Teórica del Buen Liderazgo Digital: Reconfiguración de la Idea de Liderazgo Empresarial en la Era de la Transformación Digital", *Tesis doctoral inédita*, Universidad de Deusto.
Hamington, M. y Staudt, S. (2011): *Applying Care Ethics to Business*, Springer.
Held, V. (2005): *The Ethics of Care: Personal, Political and Global*, Oxford, Oxford University Press.
Leopold, A. (2020): *Una ética de la tierra*, Madrid, Los Libros de la Catarata.
Organización Internacional del Trabajo, OIT. (2011): *Competencias profesionales para empleos verdes: una mirada a la situación mundial*, https://n9.cl/mosci.
— (2018): "World employment and social outlook 2018: Greening with jobs", https://n9.cl/egynwf.
Owen R.; Macnaghten P. y Stilgoe J. (2012): "Responsible research and innovation: From science in society to science for society, with society", *Science and Public Policy*, vol. 39, nº 6, pp. 751-760, https://n9.cl/xlphu.
Pelluchon, C. (2019): *Ética de la consideración*, Barcelona, Herder Editorial.
Ribeiro B. E.; Smith R. D. J. y Millar K. A. (2016): "Mobilising Concept? Unpacking Academic Representations of Responsible Research and Innovation", *Science and Engineering Ethics*, vol. 23, pp. 81-103, https://n9.cl/86ecuk.
Schot J. y Steinmueller W. E. (2018): "Three frames for innovation policy: R&D, systems of innovation and transformative change", *Research Policy*, vol. 47, nº 9, pp. 1554-1567, https://n9.cl/khwjsu.
Sovacool B. K. y Hess D.J. (2017): "Ordering theories: Typologies and conceptual frameworks for sociotechnical change", *Social Studies of Science*, vol. 47, nº 5, pp-703-750, https://n9.cl/pjmrpg.
Tronto, J. C. (1993): *Moral Boundaries. A Political Argument for An Ethic of Care*, Nueva York, Routledge.
Von Schomberg R. (2013): "A vision of responsible research and innovation", *Responsible Innovation: Managing the Responsible Emergence of Science and Innovation in Society*, pp. 51-74. London, Wiley, https://n9.cl/lkf6o.

CAPÍTULO 3
CAPACIDADES PARA UNA TRANSICIÓN JUSTA INTEGRADA

Como hemos venido observando, la ética del cuidado reconoce la subjetividad humana unida a una preocupación temporalmente extendida con el mundo, subrayando que esta preocupación es mediada socialmente. Si integramos esta lógica en la idea de transición justa, reconoceremos la importancia fundamental de una biosfera saludable no solo como un recurso para el consumo, sino como un entorno vital para dar y recibir cuidado adecuadamente. Esta perspectiva implica un enfoque en la política, la particularidad, la pluralidad y la intencionalidad, utilizando las lógicas de cuidado que requieren. La expansión de la ética del cuidado hacia áreas socioeconómicas clave lleva a diseñar estrategias, políticas y programas que transformen los modelos industriales en bucles de cuidado y requiere de una construcción de capacidades como abordamos a continuación.

Por otro lado, los procesos de innovación responsables, además de apostar por procesos de participación y coconstrucción, establecen una serie de atributos que los procesos han de tener para ser abiertos y responsables (anticipación, reflexión, responsabilidad e inclusión) y ponen el foco en una serie de dimensiones estratégicas que han de ser transversales.

La construcción de espacios de participación como capacidad, no solo permite un diseño de visiones conjuntas, sino que permite ofrecer acompañamiento a agentes y organizaciones para realizar un análisis de impactos sobre desigualdad, colectivos vulnerables, así como ahondar en la reflexión ética de la norma y la formación de profesionales éticamente orientados.

En la siguiente sección se proponen una serie de capacidades para la integración de la transición justa, que van desde la propuesta de un liderazgo justo, virtuoso y en transición, a la generación de espacios de diálogo y reflexión como capacidad, hasta los procesos de vigilancia y gestión ética de la norma.

Estas capacidades pretenden ahondar en la construcción de un marco integrado de transición justa que ha de permitir a las organizaciones obtener el contexto social para así realizar un análisis adecuado de cómo afectan los cambios en la actividad productiva, realizado al margen de un impacto coste-beneficio.

Por último, el capítulo se cierra con una serie de recomendaciones para los entornos organizacionales en cuanto a la idea de reforzar los espacios de diálogo, reforzar la vigilancia ética y transitar hacia una gestión ética de la norma.

EL LIDERAZGO

El liderazgo constituye un elemento fundamental en los procesos de transformación empresarial, ya que moldea tanto a las organizaciones como a las sociedades en las que actúan. Por ello, es imprescindible profundizar en la noción del buen liderazgo considerando que, a lo largo de la historia, su interpretación ha evolucionado adaptándose a los contextos y dando lugar a una amplia variedad de enfoques en la literatura especializada.

Al analizar la evolución del estudio del liderazgo, se observa una tendencia a concebirlo como el conjunto de cualidades y comportamientos que caracterizan a la figura del líder, tratándolo como una prerrogativa inherente a ciertos individuos, concepción que, en cierta medida, perdura en la actualidad. Sin embargo, a finales del siglo pasado surgieron teorías alternativas a este enfoque, motivadas por tres tendencias: la insatisfacción respecto a la imagen tradicional de líderes y gestores, frecuentemente vinculada a escándalos mediáticos, las transformaciones en el entorno corporativo y el reconocimiento de la importancia de gestionar la diversidad en las organizaciones.

Dentro de esta nueva perspectiva, el liderazgo se concibe como un esfuerzo colaborativo en el que tanto líderes como seguidores desempeñan roles fundamentales. La ausencia de seguidores desvirtúa la esencia misma del liderazgo, ya que su existencia depende intrínsecamente de estos. Asimismo, los líderes, lejos de operar de manera aislada, fundamentan su accionar en relaciones interpersonales significativas con sus seguidores. En consecuencia, se reconoce que el liderazgo no es una prerrogativa exclusiva de ciertos individuos, sino un fenómeno que se sustenta en la responsabilidad de crear las condiciones adecuadas para su desarrollo, lo cual subraya la necesidad de analizar detenidamente los procesos subyacentes en este ámbito.

Aunque en la actualidad el liderazgo es abordado desde múltiples disciplinas —tales como la psicología, los estudios organizacionales y la política—, aún resulta complejo alcanzar un consenso respecto a su definición. Por ello, en lugar de adherirse a una única y definitiva conceptualización, es preferible identificar y analizar las ideas fundamentales que la sustentan.

LAS CLAVES DEL LIDERAZGO

En la actualidad, se reconoce ampliamente que el liderazgo emerge en grupos de individuos que persiguen objetivos comunes dando lugar a la identificación de los siguientes elementos fundamentales: su carácter relacional mediado por la influencia y su vinculación con un propósito específico.

Proceso relacional

Es innegable que la complejidad del entorno empresarial, marcada en la actualidad por exigencias competitivas y una acelerada transformación tecnológica, dificulta la capacidad de un individuo para asumir y ejercer el liderazgo de manera integral. Por ello, el liderazgo debe concebirse como un proceso colectivo en el que prevalece la noción del "nosotros" sobre el "yo". Esto requiere prestar especial atención a las interacciones entre personas que desempeñan roles diferenciados, en lugar de centrarse en la tradicional visión jerárquica de líder y seguidor. Persistir en la dicotomía entre líderes y seguidores contribuye a perpetuar un modelo incompatible con las demandas contemporáneas; en consecuencia, algunos investigadores optan por emplear términos como "catalizadores" y "facilitadores" en el ámbito del liderazgo. Los catalizadores se identifican como aquellos integrantes del grupo que actúan en representación y defensa de sus intereses, contribuyendo a la conformación y consolidación de una identidad colectiva mediante la influencia ejercida. Por su parte, los facilitadores resultan esenciales para el despliegue del proceso de liderazgo y la consecución de los objetivos previamente establecidos.

Es fundamental reconocer que instaurar un proceso relacional de liderazgo no implica necesariamente la creación de una cultura basada en la cercanía o intimidad entre los miembros involucrados, sino la implementación de relaciones laborales efectivas, caracterizadas por la reciprocidad y la autenticidad. Comprender el liderazgo desde una perspectiva relacional exige, además, distinguir entre dos enfoques: el entitativo y el construccionista, que parten de concepciones disímiles sobre los fenómenos sociales.

La perspectiva entitativa asume que la realidad es objetiva y que los individuos que establecen relaciones se presentan como entidades independientes y separadas, considerando a grupos y organizaciones como meras agregaciones de individuos, donde las relaciones se dan simplemente por el contacto entre ellos. Desde esta óptica, el liderazgo se entiende como algo ya estructurado. En contraste, la perspectiva construccionista sostiene que la realidad se forja en y a través de la interacción, siendo la comunicación el medio primordial en este proceso, de modo que el liderazgo se configura como una construcción social emergente a partir de las interacciones y, en consecuencia, no se encuentra preestablecido, sino que se organiza continuamente.

En la visión entitativa, las relaciones son derivadas de los individuos, mientras que la perspectiva construccionista otorga primacía a dichas relaciones, enfatizando la dimensión colectiva e interdependiente de la realidad. En consecuencia, el liderazgo se concibe como un proceso coconstruido por diversos sujetos y en constante transformación.

Limitar el análisis al liderazgo únicamente como un sistema originado en la interacción entre catalizadores y facilitadores supone captarlo en su nivel más elemental. No obstante, el sistema de liderazgo mantiene vínculos con otros sistemas, tales como otros liderazgos, otros miembros de la organización, la comunidad y la sociedad en general, configurando así un entramado de relaciones de mayor complejidad. Comprender esta interconexión resulta esencial desde una perspectiva ética para construir organizaciones responsables, resilientes y capaces de afrontar los desafíos contemporáneos con integridad y compromiso social.

La influencia

La influencia emerge como el factor predominante del liderazgo, independientemente de si este se analiza como una relación interpersonal o como un complejo sistema intergrupal. Dicha influencia se materializa al proporcionar a las personas información que induce a reevaluar sus acciones y a modificar las alternativas disponibles según sus valoraciones. Este proceso conlleva la consecución de un acuerdo mutuo sobre el tema en cuestión alcanzado mediante el diálogo interpersonal, en el cual la persuasión se erige como el mecanismo facilitador de la elección.

Aunque todos los integrantes del liderazgo evidencian su influencia en la interacción con el entorno y con las personas circundantes, no todos poseen la misma capacidad para ejercerla, lo que puede dar lugar a asimetrías de poder entre ellos. No obstante, dichas asimetrías no resultan necesariamente perjudiciales, siempre que la influencia se ejerza de manera óptima, evitando recurrir a la manipulación o al engaño.

El propósito

Este componente resulta fundamental en el proceso de liderazgo, ya que la forma en la que se articula, la implicación de los individuos en su visión y las estrategias adoptadas para alcanzarlo, infunden en las empresas un sentido de responsabilidad hacia una comunidad más extensa. No obstante, pese a su relevancia, existen escasos estudios que aborden este aspecto, lo que dificulta una comprensión plena del propósito social inherente al liderazgo.

Considerando estos elementos constitutivos, es posible identificar tres fases diferenciadas del liderazgo que resultan cruciales de comprender: el establecimiento del propósito, el desarrollo de la actividad de liderazgo y la obtención de resultados a partir de las decisiones y acciones implementadas.

EL PROCESO DE LIDERAZGO

Aunque el proceso de liderazgo y sus tres fases diferenciadas se presentan como una secuencia lineal, simultáneamente se configuran como un proceso interactivo. Por ejemplo, tanto el progreso del proceso como la obtención de resultados pueden desencadenar una revisión del propósito original, y los propios resultados pueden sugerir la necesidad de optimizar su desarrollo.

Establecimiento del propósito de liderazgo

Esta etapa resulta esencial, ya que definir la finalidad del liderazgo le confiere un sentido profundo. Dada la complejidad inherente al liderazgo, su propósito debe abordarse de manera dual. Por una parte, debe centrarse en posibilitar un proceso de liderazgo efectivo, considerando a sus integrantes, y, por otra, atender a su dimensión social, es decir, velar por los resultados derivados de las acciones y decisiones tomadas.

Cuanto más definido y concreto sea el propósito, mayor será la destreza con la que los catalizadores puedan incentivar a los facilitadores para alcanzarlo. Además, la participación de estos últimos en la formulación del propósito contribuirá a su empoderamiento y compromiso con el mismo.

El desarrollo del liderazgo

Comprender el desarrollo del liderazgo implica reconocer que se trata de un proceso de "hacerse" más que de "ser". Para ello, resulta imprescindible trabajar a partir de relaciones personales que exigen una apertura hacia las verdades que nos conciernen a nivel individual y colectivo.

En este contexto, destaca la labor de la profesora de estudios organizacionales Ann Cunliffe, quien sostiene que las realidades sociales y organizacionales —tales como la cultura corporativa, las políticas y la estructura— se configuran de manera continua a partir de las conversaciones, interacciones y relaciones entre las personas. En consecuencia, la organización se concibe como una red de vínculos que se articula tanto a nivel individual como colectivo, definiendo nuestra identidad en relación con los demás. Este enfoque invita a reconsiderar los modelos tradicionales de comunicación, lenguaje, conocimiento y aprendizaje al comprender el liderazgo como un fenómeno colectivo en el que los individuos aspiran a generar un sentido de pertenencia mediante sus interrelaciones. Para fomentar el diálogo y la comprensión mutua, resulta indispensable reflexionar sobre las presunciones que albergamos acerca de los otros, sobre la forma en que nos vinculamos y sobre la manera en que estos perciben su entorno. Así, la autora considera que el liderazgo constituye una actividad de índole moral, fundamentada en la reflexividad, lo que implica examinar quiénes somos en relación con los demás, así como los valores y creencias que profesamos y el deseo de empatizar.

Esta autora, en colaboración con su colega Eriksen (2011), llevó a cabo un estudio etnográfico sobre el liderazgo durante un periodo de tres años. A partir de entrevistas realizadas a catalizadores de procesos de liderazgo, se constató la relevancia que estos atribuían a la relación y al diálogo en dicho proceso, lo cual llevó a los investigadores a cuestionar la manera en que estos catalizadores confieren significado a su entorno y estructuran una organización en la que la acción colectiva adquiere sentido. Como resultado de su investigación, se identificaron cuatro líneas fundamentales para el desarrollo del liderazgo.

La línea inicial consiste en reconocer que el liderazgo representa una forma de "estar en el mundo". Este enfoque subraya que el sentido, la acción y el conocimiento no se circunscriben únicamente a la creación de espacios de diálogo, sino que también requieren prestar atención a la interacción con los demás, enfatizando la calidad del respeto y la confianza que sustentan dichas relaciones, lo que posibilita que las personas se expresen de manera auténtica. Esto implica que los catalizadores en los procesos de desarrollo brindan a los facilitadores una orientación fundamentada en la relación, actuando de forma colaborativa para generar conjuntamente conocimiento y acción.

La segunda línea destaca la importancia del diálogo y la polifonía. En contraposición a una concepción del diálogo en la que una única autoridad determine los significados e impresiones, suprimiendo así la diversidad de voces, los catalizadores de los procesos de liderazgo conciben la comunicación como un proceso abierto y emergente, en el que se comparten y valoran las distintas perspectivas, permitiendo que el significado surja de la interacción. Este proceso exige un esfuerzo sostenido de escucha y valoración de los diversos puntos de vista, lo que enriquece la práctica organizacional, aunque también requiere un manejo cuidadoso de ideologías contrapuestas, juicios de valor y variadas formas de expresión.

La tercera línea identificada por Cunliffe y Eriksen se refiere a la integridad relacional, que involucra tanto la responsividad como la responsabilidad. Los catalizadores deben mostrar sensibilidad y sintonía frente a las diferencias, asumiendo la responsabilidad de trabajar con ellas. Este enfoque implica promover una responsabilidad corporativa que se manifieste en las relaciones interpersonales y organizacionales, con una orientación ética hacia cuestiones como los derechos, la justicia y el cuidado.

La cuarta línea alude al saber desde dentro o la sabiduría práctica, entendida como la capacidad de desarrollar una sensibilidad relacional. Dicha sabiduría se basa en el autoconocimiento, en los valores personales y en el acervo de conocimientos interiorizados a partir de experiencias vividas, que se manifiestan en una comprensión emocional, intuitiva, moral y contextual.

En síntesis, el liderazgo se concibe como una aspiración a fomentar relaciones no jerárquicas y no competitivas, en las que la relacionalidad, la intersubjetividad y la reflexividad configuran una responsabilidad moral que se expresa al:

- Priorizar el "nosotros" sobre el "yo", en concordancia con nuestras obligaciones y relaciones con el entorno.
- Reconocer la singularidad de cada individuo.
- Tratar a los demás con el debido respeto.
- Considerar a cada persona como irreemplazable y no simplemente como medio para un fin.
- Reflexionar sobre las responsabilidades que tenemos frente a los demás y ante qué o quiénes estamos obligados.
- Definir con claridad el rol y la responsabilidad que las organizaciones deben ejercer en la comunidad.

Si bien algunas perspectivas asocian el liderazgo exclusivamente con su fase de desarrollo, es igualmente crucial considerar los resultados que este genera a través de sus procesos y acciones.

Los resultados del liderazgo

El desarrollo del liderazgo se materializa en la implementación de una serie de acciones y decisiones que, a su vez, producen resultados con repercusiones —intencionadas o no— sobre los integrantes del liderazgo, así como sobre individuos o grupos externos al proceso.

Adoptando una perspectiva relacional, el liderazgo debe concebirse como parte integral de la comunidad y del entorno natural, en el que sus miembros, concebidos como seres ecosociales, se preocupan por la interrelación entre salud, bienestar, justicia social, economía, desarrollo sostenible y el futuro de la humanidad.

En este contexto, es relevante señalar que, desde el liderazgo de una organización, se pueden instaurar Procesos de Adecuación Ética (PAE) con el objetivo primordial de fomentar el carácter moral de la empresa. Estos procesos, que se configuran a través del diálogo, pueden entenderse como una forma de reflexividad colectiva en la que participan tanto los miembros internos como los grupos de interés, generando una responsabilidad que abarca dimensiones tanto retrospectivas como prospectivas.

EL BUEN LIDERAZGO

En la actualidad, existen diversos estilos de liderazgo en nuestra sociedad; sin embargo, ello no implica que todos sean igualmente virtuosos. Un liderazgo de calidad es el que logra movilizar a los individuos para alcanzar un objetivo, siempre que dicha movilización se encamine hacia el bien común, considerando el impacto que el proceso de liderazgo ejerce sobre otros individuos, grupos o sociedades.

En este marco, tanto la ética del cuidado como el enfoque del liderazgo relacional proporcionan elementos fundamentales cuya integración contribuye al desarrollo de un liderazgo adecuado para favorecer transiciones justas. Es importante recordar que la ética del cuidado promueve una revisión crítica del concepto de persona, abandonando la noción de autonomía, independencia y racionalidad en favor de reconocer la interdependencia que surge de las relaciones interpersonales. Este enfoque privilegia la aceptación de la dependencia y la vulnerabilidad como realidades indispensables para la construcción de una identidad en relación con los demás mediante la práctica del cuidado.

Por su parte, el liderazgo debe considerarse como un proceso compuesto de diversas fases. En consecuencia, un liderazgo eficaz debe perseguir un doble propósito: por un lado, facilitar la movilización adecuada de sus integrantes a través de su desarrollo y, por otro, tener en cuenta los resultados generados, los cuales inciden en el bienestar colectivo y en la amplia red de relaciones en la que se inserta en un contexto específico. En este sentido, es relevante considerar, tal como indican los estudios de Cunliffe y Eriksen, las diferentes líneas de acción de los catalizadores: el "estar en el mundo", la relevancia del diálogo, la responsividad y la asunción de responsabilidad ante las diferencias que surgen en las interacciones, así como la aplicación de la sabiduría práctica.

En lo que respecta a los resultados, concepto estrechamente ligado a una visión más sistémica del liderazgo, se destaca la importancia de los Procesos de Adecuación Ética en las organizaciones. Tales procesos implican una reflexividad colectiva ejemplificada a través del diálogo que facilita una comprensión profunda de la manera en que la organización debe relacionarse con la sociedad, responsabilidad que recae sobre el liderazgo o los liderazgos ejercidos en la entidad.

La tabla 4 consolida la fundamentación del buen liderazgo, relacionando las distintas fases del proceso de liderazgo con la ética del cuidado y el enfoque del liderazgo relacional.

TABLA 4

FUNDAMENTACIÓN DEL BUEN LIDERAZGO, RELACIONANDO LAS DISTINTAS FASES DEL PROCESO DE LIDERAZGO CON LA ÉTICA DEL CUIDADO Y EL ENFOQUE DEL LIDERAZGO RELACIONAL

FASES PROCESO LIDERAZGO	FASES PROCESO CUIDADO	ELEMENTOS ÉTICOS DEL CUIDADO	LIDERAZGO RELACIONAL
Elaboración propósito	Cuidar con Preocuparse por	Pluralidad, comunicación, confianza, respeto, solidaridad Atención	"Estar en el mundo" Diálogo Reflexividad y procesos de adecuación ética
Desarrollo del liderazgo (inicio)	Encargarse de	Responsabilidad	Responsabilidad prospectiva Sabiduría práctica Reflexividad y procesos de adecuación ética Diálogo
Desarrollo del liderazgo (mantenimiento)	Cuidado	Competencia	Reflexividad y procesos de adecuación ética Diálogo
Resultados del liderazgo	Recibir cuidado	Responsividad	Reflexividad y procesos de adecuación ética Diálogo Responsabilidad retrospectiva

Fuente: Elaboración propia a partir de *Tesis doctoral inédita*, González (2025).

Según se observa en la tabla 4, la formulación del propósito se asocia con las fases de cuidado "cuidar con" y "preocuparse por".

Como se indicó anteriormente, el propósito se orienta de manera dual. Por un lado, el liderazgo debe centrarse en lograr una movilización eficaz de los individuos que lo integran; por otro, debe dirigirse hacia el exterior, procurando generar beneficios para la sociedad y sus miembros. Esta tarea resulta compleja, ya que pueden surgir conflictos en torno a las necesidades a atender o a los destinatarios de dichos cuidados. Por ello, es fundamental adoptar una perspectiva que reconozca la coexistencia de otros sujetos en un mundo caracterizado por la pluralidad y diversidad. Esto implica prestar atención y fomentar la reflexividad sobre la propia identidad y la de aquellos con quienes se relaciona, así como la forma de relacionarse con ellos. En este sentido, resulta esencial subrayar que la reflexividad colectiva se vincula con los Procesos de Adecuación Ética implementados por las organizaciones, proceso que, al igual que la reflexión individual, requiere de un diálogo sostenido.

En lo relacionado con el desarrollo del liderazgo, este se asocia con las fases de "encargarse de", "cuidado" y el propio acto de cuidar. Para dicho desarrollo es nuevamente indispensable la reflexividad y el diálogo, además de incorporar la noción de responsabilidad prospectiva y la aplicación de la sabiduría práctica. La responsabilidad prospectiva demanda una mirada orientada al futuro, capaz de discernir cómo las decisiones o acciones, adoptadas por los catalizadores o por el liderazgo en general, incidirán en otros, reflexión que mediante la sabiduría práctica se enriquece.

En cuanto a los resultados del liderazgo, estos se vinculan con la fase de "recibir cuidado". Esta etapa también requiere la presencia de reflexividad y diálogo, pues la evaluación de las acciones realizadas, de lo que se pudo haber hecho de otro modo o de aquello que no se hizo y debería haberse hecho, debe contar con la participación de quienes han sido afectados por dichas acciones. Este aspecto se corresponde con una responsabilidad retrospectiva, la cual revisa el pasado en función de responder ante lo acontecido.

En definitiva, se concluye que el buen liderazgo demanda facultades específicas, tales como la reflexividad (tanto individual como colectiva), el diálogo, la sabiduría práctica, así como una responsabilidad de carácter retrospectivo y prospectivo. A continuación, se ilustran estas facultades.

FACULTADES[10] ESPECÍFICAS DEL BUEN LIDERAZGO

La reflexividad

La reflexividad constituye un proceso de cuestionamiento de la realidad y de las acciones emprendidas, prestando atención a los efectos que estas puedan ocasionar, lo que permite la configuración de nuevas formas de ser y actuar en el mundo. Este proceso es fundamental para desarrollar un cuidado adecuado que tenga en cuenta situaciones específicas, generando así responsabilidad.

En el ámbito empresarial, caracterizado por rutinas establecidas y una escasa revisión del propósito, la práctica de la reflexividad puede resultar desafiante, ya que exige interrogar actitudes, prejuicios, sesgos, pensamientos y hábitos. En ese sentido, se distingue entre dos modalidades: la autorreflexividad y la reflexividad crítica. La autorreflexividad implica el examen personal acerca de cómo nos situamos en el mundo, cómo interactuamos con los demás y de qué manera dotamos de significado a nuestras experiencias. Por otro lado, la reflexividad crítica se orienta a poner en tela de juicio las ideologías y prácticas normalizadas del entorno, implicando una revisión de lo asumido, la identificación de contradicciones y una reflexión sobre lo expresado y lo omitido. Este enfoque propicia diálogos abiertos y críticos, así como organizaciones más responsivas y éticamente comprometidas.

En definitiva, tanto la autorreflexividad como la reflexividad crítica implican que el liderazgo se cuestione no solo los medios empleados, sino también los fines perseguibles. Es a través de este ejercicio de reflexión que se concreta la acción moral y ética, permitiéndonos comprender quiénes somos en relación con los

10. Se entiende por facultades del buen liderazgo los componentes estructurales necesarios para que dicho proceso se desarrolle. Dichas facultades pueden convertirse en capacidades mediante la formación, práctica deliberada o cambios organizacionales.

demás, clarificar nuestros deseos y desarrollar la capacidad y motivación para empatizar, así como reflexionar sobre los valores y creencias propios y ajenos.

La reflexividad colectiva se materializa en los Procesos de Adecuación Ética, los cuales invitan a examinar el propósito, las estrategias, las políticas y las prácticas organizacionales, constituyéndose en un proceso de autocomprensión de la empresa orientado tanto hacia su interior como hacia su entorno (Martínez y Unigarro, 2023).

La argumentación dialógica

El diálogo constituye un elemento esencial en el liderazgo, ya que actúa como medio para la interacción entre las personas. Se concibe como el esfuerzo por lograr un entendimiento común a partir de posiciones iniciales divergentes. Esto requiere establecer una comprensión compartida en relación con un tema determinado, lo cual se alcanza mediante la creación de una situación ideal comunicativa o comunidad de habla en la que se pueden exponer y debatir las pretensiones de validez sobre el contenido, la autoridad y la intencionalidad de lo expresado. Para ello, es indispensable que no existan barreras espaciales ni temporales entre los participantes, que todos tengan acceso a la información pertinente, que no se impongan coacciones en el proceso de participación, y que los interlocutores reconozcan que el objetivo consiste en alcanzar un acuerdo cooperativo (Bilbao; Martínez y Sasia, 2023).

La implementación de la argumentación dialógica se considera especialmente exigente, sobre todo en contextos empresariales. Entre las críticas dirigidas a su aplicación se destaca la falta de atención hacia las relaciones asimétricas que se manifiestan en la sociedad, derivadas del género, la raza y la clase socioeconómica. Superar estas limitaciones demanda un compromiso genuino de apertura hacia el otro, facilitado por la reflexividad que permita el aprendizaje mutuo.

Otra objeción que afecta directamente al proceso de liderazgo radica en la influencia que ejercen los catalizadores, la cual puede llegar a dominar el espacio intersubjetivo y limitar la participación de los facilitadores, tanto en el planteamiento de sus argumentos como en la crítica constructiva frente a las intervenciones de los mismos catalizadores. Para mitigar este efecto, es fundamental reconocer la existencia de dicha situación y promover la creación de espacios en los que los individuos puedan explorar sus puntos de vista y fortalecer sus capacidades discursivas en ausencia de la influencia directa de los catalizadores.

Finalmente, se plantea la dificultad de alcanzar un consenso en el ámbito empresarial, dada la pluralidad de aspiraciones, intereses y valores presentes en las organizaciones. No obstante, es importante puntualizar que los participantes deben estar dispuestos a buscar el consenso y que estos procesos requieren de una práctica constante para su consolidación.

La sabiduría práctica

La sabiduría práctica, o prudencia, es un componente esencial del liderazgo, ya que permite a las personas emitir juicios éticamente fundamentados y discernir lo que es correcto en situaciones concretas, siempre considerando el bien común. Cabe destacar que, en los últimos años, esta noción ha cobrado gran relevancia en el ámbito empresarial al surgir un interés social por comprender las interrelaciones entre los negocios y la sociedad. En este contexto, la sabiduría práctica contribuye a enfrentar situaciones de incertidumbre y problemas socialmente complejos, permitiendo la toma de decisiones matizadas y libres de sesgos.

Esta concepción de sabiduría implica extraer enseñanzas de la experiencia y reflexionar acerca de situaciones particulares como medio para definir el camino a seguir y avanzar de manera continua. La reflexión, fusionada con la intuición, examina y analiza problemas, oportunidades, orientaciones y fundamentos para la acción frente a la diversidad de alternativas, integrándolas de forma coherente. No obstante, dicha práctica no puede reducirse a un conjunto de reglas o a un método preestablecido, dado que depende intrínsecamente del contexto de cada situación.

Aunque la deliberación prudencial no se rige por un conjunto fijo de normas, Gracia (2001) sostiene que es posible delinear una serie de fases orientativas para desarrollar una deliberación adecuada en el ámbito de la bioética, las cuales son las siguientes:

- Presentación de la problemática, atendiendo a las circunstancias en las que se plantea.
- Identificación de los conflictos éticos, considerando la relación entre medios y fines o la contradicción entre los principios éticos involucrados.
- Determinación de los posibles cursos de acción.
- Deliberación para determinar el curso de acción éticamente más adecuado, reconociendo la jerarquía o interconexión entre principios, o evaluando las consecuencias derivadas de la aplicación de dichos principios, lo que puede conducir, mediante una justificación argumentada, a plantear excepciones.
- Selección del curso de acción éticamente óptimo.
- Evaluación de los argumentos en contra de la elección adoptada, así como de los que se oponen a tales críticas, considerando la posibilidad de defenderlos públicamente.

En conclusión, para ejercer la sabiduría práctica es imprescindible reconocer tanto las circunstancias externas como las personales, anticipar las consecuencias, considerar la experiencia previa, ser creativo en la búsqueda de soluciones novedosas y estar dispuesto a asumir riesgos.

La responsabilidad

La responsabilidad, al ser analizada desde su dimensión temporal, se orienta en dos direcciones: la responsabilidad retrospectiva, que se enfoca en la revisión de acontecimientos pasados, y la responsabilidad prospectiva, que se encamina hacia el futuro.

En el entorno empresarial, la modalidad más conocida es aquella que mira atrás, basándose en las leyes que regulan las interacciones para exigir a uno o varios agentes la reparación de perjuicios ocasionados. En este enfoque se establece una relación de causa y efecto entre el daño infligido y la persona, grupo u organización responsable, quienes deben enmendar la situación. Este tipo de responsabilidad se concluye cuando los responsables justifican sus acciones o cuando se produce una compensación adecuada. Tal perspectiva es denominada, según Iris Marion Young (2011), la responsabilidad como obligación. Sin embargo, existe también una responsabilidad prospectiva, que focaliza su atención en el futuro.

Uno de los pioneros en abordar la responsabilidad futura fue Hans Jonas (1995), quien destacó la necesidad de asumir responsabilidades ante el creciente poder del ser humano sobre la naturaleza, derivado de los avances tecnológicos de los años setenta, con repercusiones que afectaban a generaciones enteras. Para Jonas, la responsabilidad no se limita a la revisión de acciones pasadas, sino que implica el cuidado hacia otros seres, considerando su vulnerabilidad y asumiendo una constante preocupación. En su propuesta, cuidado y responsabilidad se encuentran intrínsecamente vinculados, y los desafíos éticos planteados por la tecnología de su tiempo requerían políticas colectivas que aseguren que las oportunidades de los seres futuros no se vean comprometidas.

Posteriormente, Young (2011) planteó una concepción de la responsabilidad prospectiva al sostener que, en el marco de las justicias estructurales y sociales, es insuficiente focalizarse exclusivamente en un análisis retrospectivo basado en la culpa individual, siendo imperativo orientar los esfuerzos hacia la toma de decisiones futuras y la ejecución de acciones colectivas destinadas a transformar las estructuras sociales injustas. Las injusticias estructurales se refieren a las desigualdades y opresiones derivadas de la organización social y de las instituciones, las cuales se manifiestan en procesos que generan grupos sujetos a abusos o que carecen de los recursos necesarios para el pleno desarrollo de sus capacidades, mientras que otros grupos se benefician y disfrutan de mayores oportunidades, configurando desventajas y privilegios que no pueden atribuirse a las acciones de individuos particulares.

La responsabilidad frente a estas injusticias exige un compromiso de asociación con otros actores que comparten problemáticas similares, con el objetivo de abordar y prevenir las desigualdades y opresiones que se originan a nivel sistémico. Young denomina a este enfoque la "conexión social de la responsabilidad política", fundamento que se sustenta en cuatro parámetros: poder, privilegio, interés y capacidad colectiva.

Respecto al poder, es crucial reconocer que la disposición de los individuos, tanto en el ámbito empresarial como en la sociedad, es asimétrica, lo cual determina su influencia real o potencial sobre las estructuras afectadas. Cuando se involucran múltiples estructuras, se debe tener en cuenta la capacidad de influencia en cada una, ya que, a mayor poder, mayor es la responsabilidad. Es evidente que aquellos que detentan el poder en situaciones de injusticia estructural tienden a favorecer su perpetuación, ya que se benefician de ella; por ello, en ciertos casos resulta necesario que actores con menor poder intervengan para contrarrestar esta dinámica.

En cuanto al privilegio, es importante señalar que este no siempre se asocia directamente con el poder, pero otorga a determinadas personas una posición especial, permitiéndoles modificar sus hábitos o realizar esfuerzos para combatir la injusticia sin sufrir privaciones significativas. Quienes gozan de mayores privilegios tienen, por tanto, una mayor responsabilidad en la generación de dichas injusticias.

El interés es otro parámetro esencial, ya que es el factor que incita tanto a individuos como a grupos a asumir su responsabilidad en relación con la problemática. La eliminación de la ignorancia sobre una situación determinada, a través del interés, es fundamental. Asimismo, el interés debe manifestarse en las potenciales víctimas, cuya participación es crucial para la mitigación de la injusticia, pues solo ellas conocen plenamente sus circunstancias y están en la mejor posición para empoderarse y evitar soluciones improductivas.

El cuarto parámetro es la capacidad colectiva, que reconoce que la lucha contra la injusticia estructural no recae sobre un solo individuo, sino en la acción conjunta de muchos sujetos. Esta acción colectiva puede requerir nuevos modos de organización y una coordinación intensa, ya que la suma de esfuerzos es lo que finalmente permite abordar y transformar la raíz de la injusticia.

En resumen, la responsabilidad en el liderazgo ya sea a través de un enfoque retrospectivo o prospectivo abarca una serie de dimensiones que, al ser reconocidas y atendidas, facilitan la adopción de medidas tanto para la reparación de daños pasados como para la prevención y mitigación de futuras injusticias.

PREGUNTAS DE REFLEXIÓN:

- ¿Qué liderazgo predomina en mi empresa? ¿Se adopta una visión individual o colectiva del mismo?
- ¿En qué medida mi liderazgo es un buen liderazgo? ¿Qué facultades aplico en mi día a día y en qué situaciones las aplico?
- ¿Contribuye mi empresa a injusticias estructurales? ¿Hacemos algo por mitigarlas?

LA IMPORTANCIA DE LA GENERACIÓN DE ESPACIOS DE DIÁLOGO

La construcción de espacios de participación no solo permite un diseño de visiones conjuntas, sino que permite ofrecer acompañamiento a agentes y organizaciones para realizar un análisis de impactos sobre desigualdad, colectivos vulnerables, así como ahondar en la formación de profesionales éticamente orientados.

A continuación, se presentan una serie de recomendaciones para la construcción de estos espacios:

- Favorecer los grupos de presión (*lobby* bueno[11]) teniendo en cuenta que las políticas públicas, las normativas y, en consecuencia, los avances sociales, no se generan sin

11. Se entiende por *lobby* bueno aquel que se rige por el bien común y considerando los derechos de los colectivos socialmente más desfavorecidos.

impulsos o presiones, siendo determinante los intereses que defienden estos grupos de presión. Si únicamente toman parte aquellos grupos que defienden intereses económicos propios (los llamados *lobbies*), el impacto de las políticas públicas se enmarcará hacia dichos intereses. En cambio, si se conforman igualmente grupos de presión que pretenden generar un avance social teniendo en cuenta los reclamos sociales, así como las necesidades, se podrá generar un impacto en las políticas públicas que permita acometer los retos sociales, económicos y medioambientales.

- Generar estructuras que habiliten o fomenten la participación transparente de entidades cuyos objetivos o propósitos empresariales sean compatibles con los retos de la transición justa.
- Modular la carga ética de la participación ya que, si bien resulta imposible preguntar a todos, deben existir unos niveles suficientes de participación.
  - Evaluar los niveles de participación, dado que, aunque la participación sea alta, la misma se encuentra dirigida a minimizar riesgos.
  - Considerar la percepción de que, en ocasiones, dicha participación no se tiene en cuenta.
  - Asegurar que los plazos de los procesos participativos y de consulta pública no favorecen a su colaboración.
- Evitar la traslación de responsabilidad únicamente a los ciudadanos y ciudadanas en su rol de consumidores.
- Asegurar las herramientas para que el consumidor esté empoderado o que tenga verdaderas alternativas.

REFORZAR LOS PROCESOS DE VIGILANCIA ÉTICA

La vigilancia ética ayuda a los colectivos a obtener el contexto social para así realizar un análisis adecuado de cómo afectan los cambios en la ciudadanía en la actividad productiva, realizado al margen de un impacto coste-beneficio. A continuación, se presentan una serie de recomendaciones para desarrollarla:

- Reforzar la responsabilidad social empodera a las empresas como agentes de la comunidad, alineando este rol directamente con su propósito corporativo.
- Reforzar la autonomía para adaptarse a las nuevas tendencias mediante la creación de estructuras organizacionales flexibles y modulables de acuerdo con la transformación social.
- Las certificaciones y auditorías pueden resultar un marco adecuado para revisar la estructura y organización de la empresa, así como para realizar una reflexión interna.
- Establecer sinergias con los auditores para que la auditoría, inspección o diagnóstico sea un ejercicio más participativo que posibilite interpretar de manera más correcta la naturaleza de la organización y se habilite la incorporación de organizaciones del tercer sector.
- Apostar por la implementación de instrumentos o herramientas para que las empresas sean más conscientes de su entorno (y actúen en consecuencia) generando una conciencia del sistema.
- Impulsar la protección de las pequeñas empresas o de aquellas que dentro de la línea de producción (en comparación) tienen la consideración de pequeñas, evitando la fragilización del rol que juega una empresa pequeña dentro de la cadena de valor.
- Impulsar iniciativas de empresa ciudadana y empresas comunitarias que permitan desvincular el crecimiento económico y crecimiento social como en el caso de los paradigmas de poscrecimiento.
- Establecer la confianza y la legitimidad de los procedimientos en las reflexiones de los participantes sobre el compromiso público y generación de valor público.
- Fomentar la confianza en las instituciones mediante la comunicación transparente de las incertidumbres, la

participación de expertos de confianza y la aclaración temprana de cómo se incorporarán los resultados en los diferentes procesos.

HACIA LA GESTIÓN ÉTICA DE LA NORMA

La elaboración de normas para la transición justa requiere de una arquitectura institucional que integre legitimidad procedimental, justicia distributiva en el diseño formal y coherencia sustantiva entre fines y medios. Solo mediante la convivencia entre la calidad democrática del proceso, equidad en la estructura y pertinencia del contenido, la regulación puede constituirse en un instrumento efectivo de transformación socioecológica que no reproduzca, sino que corrija, las desigualdades estructurales existentes.

Para lograr una capacidad de formulación de un proceso ético de "recepción" normativa respecto de la norma, partimos de una evaluación de los procedimientos para la elaboración de la norma, los aspectos formales de la misma, y su gestión.

EJES TRANSVERSALES

La calidad democrática y la legitimidad ética de las normas no dependen únicamente de su contenido material, sino también de los procedimientos mediante los cuales se elaboran, su arquitectura formal y la coherencia entre sus fines declarados y sus efectos prácticos. En el contexto de transiciones, donde convergen imperativos de sostenibilidad ambiental, justicia social y viabilidad económica, resulta fundamental establecer criterios normativos que garanticen tanto la eficacia regulatoria como la equidad en su implementación.

El primer eje de esta capacidad concierne a los procedimientos de elaboración normativa. Una regulación éticamente robusta requiere mecanismos participativos que trasciendan la consulta formal para constituir espacios genuinos de deliberación ciudadana. Esto implica garantizar la amplitud máxima de actores consultados, incluyendo no solo a grupos organizados con capacidad de influencia —los denominados *lobbies* o grupos de presión—, sino también a colectivos socialmente desfavorecidos cuya voz suele quedar marginada en los procesos decisorios.

La regulación transparente del ejercicio del *lobby* resulta esencial para distinguir entre la defensa legítima de intereses particulares y aquellas prácticas que vulneran derechos fundamentales o el bien común. La generación de espacios institucionalizados de participación, como los Consejos Económico-Sociales, debe complementarse con condiciones procedimentales que garanticen libertad e igualdad deliberativa: ausencia de coacciones, plazos razonables para el análisis y la formulación de propuestas, accesibilidad real a los mecanismos participativos sin barreras técnicas o burocráticas, y —crucialmente— devolución fundamentada sobre cómo se han integrado las aportaciones ciudadanas en la norma final.

La percepción recurrente de que "se consulta, pero no se escucha" erosiona la confianza institucional y la legitimidad normativa. Por ello, las decisiones deben acompañarse de justificación pública que evidencie un uso discrecional —fundamentado en criterios explícitos— y no arbitrario del poder regulatorio.

El segundo eje de esta capacidad se refiere a los aspectos formales de la norma, entendidos como las características estructurales que condicionan su capacidad de implementación y sus efectos distributivos. La escala del agente emisor —local, estatal o transnacional— determina tanto el alcance de la regulación como los riesgos morales específicos asociados a cada nivel de gobernanza. La globalización empresarial demanda, correlativamente, una articulación globalizada de las normas que evite la fragmentación regulatoria y la competencia a la baja en estándares éticos.

Los plazos de implementación deben calibrarse considerando las capacidades diferenciales de los actores regulados, de modo que las moratorias beneficien preferentemente a entidades con menores recursos y no perpetúen ventajas competitivas de las corporaciones más poderosas. La proporcionalidad cuantitativa —evitando la proliferación normativa inmanejable— y la accesibilidad epistémica —formulando exigencias que no presupongan conocimiento experto del que las organizaciones pequeñas y medianas carecen— constituyen requisitos de justicia procedimental.

La efectividad normativa requiere, asimismo, mecanismos robustos de vigilancia del cumplimiento y claridad en la asignación de responsabilidades a lo largo de toda la cadena de implementación. Un déficit ético recurrente consiste en trasladar la carga moral primordial a los consumidores individuales, demandando conductas "heroicas" que ignoran las restricciones estructurales que condicionan las decisiones de consumo. La interpelación debe dirigirse a los sujetos en su condición de ciudadanía no meramente como consumidores atomizados, reconociendo que la transformación cultural requiere tanto de responsabilidad empresarial como de liderazgo político capaz de establecer "líneas rojas" normativas y generar incentivos para la evolución ética de prácticas sociales y empresariales.

La función pedagógica de la norma resulta inseparable de su función coercitiva. La Administración debe "hacer política" en el sentido fuerte: educar, movilizar valores o articular imaginarios de convivencia. La modulación acertada del carácter normativo —entre lo punitivo, lo educativo y lo generador de valores— depende de esta comprensión integral de la regulación como instrumento de transformación cultural.

El tercer eje concierne a los contenidos materiales de la norma. Resulta fundamental que la regulación explicite su intencionalidad —visible en preámbulos y exposiciones de motivos— y demuestre coherencia interna entre fines declarados y medios establecidos. La contradicción observable en ciertas normativas recientes, donde el espíritu de perpetuar modelos de crecimiento basados en la industrialización intensiva colisiona con objetivos declarados de descarbonización, evidencia la necesidad de esta coherencia sistémica.

En el contexto europeo, persisten riesgos de derivas liberales desreguladoras que debilitan la capacidad normativa frente a actores económicos transnacionales. Cuando las exigencias se extienden a toda la cadena de valor (*supply chain*), la distancia entre niveles formales de cumplimiento y estándares sustantivos de dignidad humana y justicia social se amplifica, generando brechas de responsabilidad difícilmente atribuibles.

La ambigüedad normativa —frecuentemente presente incluso para expertos jurídicos y, en ocasiones, para el propio legislador— genera incertidumbre contraproducente que inhibe la acción transformadora que la norma pretende promover. La claridad sobre naturaleza, obligatoriedad y ámbito de aplicación constituye, por tanto, un requisito ético elemental.

Finalmente, la norma debe demostrar la compatibilización efectiva de la triple sostenibilidad (ambiental, social y económica), estableciendo criterios de priorización en casos de conflicto. Desde una perspectiva ética fundada en la prevalencia de la dignidad humana, la sostenibilidad social debe prevalecer sobre la meramente económica, y el referente normativo debe ser la humanidad sufriente —especialmente las comunidades y trabajadores vulnerados por las transiciones— antes que la satisfacción de las comunidades ya privilegiadas.

GESTIÓN DE LA NORMA: DESDE LA CONFORMIDAD FORMAL A LA TRANSFORMACIÓN ORGANIZACIONAL

La efectividad de una norma no se agota en su promulgación, sino que se realiza plenamente en los modos concretos de su apropiación organizacional. La gestión ética de la normativa trasciende la mera conformidad (*compliance*) para constituirse en un proceso de integración sistémica que vincula la regulación externa con la identidad, cultura y propósito institucional. Este enfoque reconoce que la legitimidad y eficacia de las normas dependen tanto de su calidad intrínseca como de las capacidades, disposiciones y estrategias mediante las cuales las organizaciones las metabolizan en sus estructuras y prácticas.

En cuanto a la integración sistémica, la prioridad se establece cuando la norma actúa como elemento constitutivo de la identidad organizacional. La gestión ética de la normativa exige vincularla orgánicamente con los elementos nucleares de la organización: su propósito fundacional, su cultura y valores institucionales, sus estructuras de gobernanza y los productos o servicios que ofrece. Esta integración sistémica implica trascender el cumplimiento normativo entendido como límite mínimo o barrera legal, para concebirlo como umbral desde el cual desplegar compromisos éticos más ambiciosos que los legalmente exigibles.

La capacidad organizacional para esta integración requiere tres competencias fundamentales:

- Asegurar el engranaje de la norma en todos los procesos operativos y estratégicos, evitando su confinamiento en departamentos especializados de cumplimiento.
- Ajustarse efectivamente a lo explicitado por la regulación, lo que presupone recursos técnicos, formativos y económicos adecuados.
- Disponer de sensibilidad y conocimiento previo respecto a las dimensiones —medioambientales, sociales, laborales— que la norma regula, lo que facilita su apropiación significativa y no meramente instrumental.

El criterio de oportunidad resulta esencial: acertar en el momento en que la norma deviene aplicable, calibrando tiempos de adaptación sin incurrir ni en precipitación inviable ni en dilaciones elusivas. Sin embargo, una gestión ética genuina va más allá de la reactividad adaptativa para incorporar una lógica de anticipación estratégica.

Las tendencias normativas son generalmente predecibles a partir de las evoluciones sociales, culturales y políticas. Adelantarse a la norma antes de su implementación obligatoria —incorporando voluntariamente estándares emergentes— constituye una práctica organizacional que, aunque pueda implicar costes a corto plazo, genera ventajas competitivas, reputacionales y culturales a medio plazo. Esta anticipación puede incentivarse mediante la inclusión en licitaciones públicas de criterios que, sin ser aún obligatorios, se vislumbran como normativos en el futuro próximo, creando así factores diferenciales que impulsan su adopción voluntaria más amplia.

Este modelo de difusión normativa por emulación y ventaja estratégica resulta más efectivo para la transformación cultural que los modelos punitivos basados exclusivamente en el control y la sanción. La internalización voluntaria de estándares éticos superiores al mínimo legal favorece su legitimación social y su implementación sostenible.

Con todo, la gestión ética de la norma debe propiciar transformaciones en la racionalidad organizacional dominante. Específicamente, debe conseguir que:

- Se legitime normativamente aquello que previamente se realizaba por "buenismo": prácticas éticas voluntarias que, al codificarse legalmente, dejan de percibirse como opcionales o supererogatorias para reconocerse como estándares exigibles.
- Se cumpla organizacionalmente lo que resulta esencial para la sociedad, aunque no sea obligatorio legalmente, cultivando una cultura que trasciende la estricta legalidad para asumir responsabilidades éticas más amplias.
- Se supere la lógica perversa de que "te sale más barata la multa": racionalidad instrumental que equipara el incumplimiento ético con un coste económico calculable, desvirtuando el sentido de la obligación moral.
- Los elementos sociales estén adecuadamente vertebrados en análisis y mapas de riesgos empresariales, integrando riesgos reputacionales, regulatorios, laborales y comunitarios en las evaluaciones estratégicas, no como externalidades sino como factores materiales.
- La racionalidad económica esté articulada con la ética y lo social, superando falsas dicotomías entre rentabilidad y responsabilidad, evidenciando su interdependencia sistémica.

Por otro lado, cabe destacar que la gestión ética efectiva demanda mecanismos que aseguren la autenticidad del compromiso organizacional, evitando la simulación o el denominado *washing* (en sus múltiples variantes: *greenwashing*, *social washing*, *ethics washing*).

Esta capacidad requiere:

- Generar complicidad social respecto al valor social de las prácticas éticas, mediante comunicación transparente y verificable de impactos reales.
- Modificar sistemas de incentivos ejecutivos que premian exclusivamente objetivos económicos de corto plazo, incorporando indicadores éticos, sociales y ambientales en la evaluación del desempeño directivo.
- Establecer alianzas e integraciones con movimientos sociales más amplios —como las finanzas éticas, la economía social y solidaria, o iniciativas de comercio justo— que anclen el compromiso organizacional en redes de responsabilidad mutua.
- Diversificar los procesos de auditoría y verificación, permitiendo que entidades del tercer sector y organizaciones no gubernamentales —y no exclusivamente empresas auditoras convencionales— certifiquen el cumplimiento normativo y ético, rompiendo así el ciclo perverso del mercado de acreditaciones donde auditores y auditados comparten intereses económicos que comprometen la independencia evaluativa.

Como especificidad, cabe notar que persiste la percepción problemática de que "la ética es un lujo para la pequeña empresa", discurso que naturaliza la desigualdad en capacidades de cumplimiento normativo y exonera a entidades con menores recursos de responsabilidades éticas. Esta afirmación, lejos de ser descriptivamente neutra, constituye una justificación ideológica que debe ser cuestionada.

Si bien es cierto que las pequeñas y medianas empresas enfrentan mayores dificultades para implementar sistemas complejos de gestión normativa —careciendo de departamentos especializados, recursos técnicos y capacidad de absorción de costes de adaptación—, la respuesta ética no consiste en rebajar estándares sino en diseñar políticas públicas de acompañamiento que nivelen capacidades: formación gratuita, asesoramiento técnico, financiación para adaptaciones, simplificación administrativa, moratorias diferenciadas y sistemas de certificación progresiva.

La ética no puede ser prerrogativa de quien posee recursos para costearla; debe constituir el marco común de convivencia económica, con apoyos institucionales que garanticen su viabilidad para todos los actores, independientemente de su tamaño o poder de mercado.

La gestión ética de la norma, en definitiva, aspira a una transformación cultural que supere el paradigma del *compliance* —cumplimiento formal defensivo— para avanzar hacia una cultura organizacional post-*compliance* caracterizada por:

- Internalización de valores: donde los estándares éticos se asumen como propios, no como imposiciones externas.
- Proactividad anticipatoria: se adelanta a las regulaciones en lugar de reaccionar defensivamente ante ellas.
- Transparencia radical: comunica no solo logros, sino también limitaciones y procesos de mejora continua.
- Responsabilidad ampliada: reconoce obligaciones éticas más allá de las estrictamente codificadas.
- Reflexividad crítica: capaz de cuestionar prácticas organizacionales consolidadas cuando entran en tensión con imperativos éticos emergentes.

Esta transformación no se consigue mediante normativas controladoras y sancionadoras exclusivamente, sino mediante una arquitectura institucional que combine regulación inteligente, incentivos estratégicos, acompañamiento capacitador y construcción de legitimidad social. Solo así la norma deviene instrumento efectivo de transformación ética organizacional, y no mera formalidad burocrática o coste asumible en cálculos de rentabilidad.

SUGERENCIAS DE LECTURA

BILBAO, G.; MARTÍNEZ, F. J. y SASIA P. M. (2023): *La deliberación ética en la empresa*, Madrid, Ediciones Pirámide.

CUNLIFFE, A. L. y ERIKSEN, M. (2011): "Relational Leadership", *Human Relations*, vol. 64, nº 11, pp. 1425-1449.

GONZÁLEZ, M. N. (2025): "Fundamentación Teórica del Buen Liderazgo Digital: Reconfiguración de la Idea de Liderazgo Empresarial en la Era de la Transformación Digital", *Tesis doctoral inédita*, Universidad de Deusto.

GRACIA, D. (2001): "La Deliberación Moral: El Método de la Ética Clínica", *Medicina Clínica*, vol. 117, pp. 18-23.

JONAS, H. (1995): *El Principio de Responsabilidad. Ensayo sobre una Ética para la Civilización Tecnológica*, Barcelona, Heder.

MARTÍNEZ, C. y UNIGARRO, S. (2023): *Adecuación ética, un desafío empresarial*, Madrid, Ediciones Pirámide.

YOUNG, I. M. (2011): *Responsabilidad por la Justicia*, Ediciones Morata y Fundación Paideia.

CAPÍTULO 4

EL LABORATORIO DE TRANSICIÓN EN ACCIÓN

LOS LABORATORIOS DE TRANSICIÓN COMO HERRAMIENTA DE TRANSFORMACIÓN

En toda organización o colectivo, resulta esencial identificar y gestionar las necesidades, retos u oportunidades que se han de afrontar, y ello requiere de una planificación. Esta planificación nos permitirá afrontar el reto de una forma transformadora y acorde a las necesidades identificadas, así como para que los participantes o individuos afectados lo acepten de manera positiva. En este sentido, el Laboratorio de transición (LAB) ofrece una herramienta para encauzar las inquietudes hacia una transformación soberana, en el que los participantes de una organización no solo asuman estos retos, sino que se conviertan en artífices de la propia transformación.

En el presente capítulo, encontraremos en primer lugar una herramienta para la construcción de un Laboratorio de transición en pos de las necesidades de nuestra organización; una guía, que lejos de ser una herramienta absoluta aplicable a la totalidad de organizaciones, pretende poner el foco en ciertos aspectos elementales en los que cimentar nuestro Laboratorio de transición.

Se desarrolla así la fase preparatoria, cuyo núcleo se centra en la necesidad de encuadrar un objetivo al LAB para poder establecer la metodología y gestión más adecuadas, así como la proyección que mejor se adapte a la misma.

Una vez tengamos elaborado el plan preparatorio de nuestro LAB estaremos preparados para implementarlo y ponerlo en práctica. En esta fase toma especial relevancia la dinamización, que deberá gestionar entre otros, los roles, las dinámicas y los conflictos entre los participantes, así como estar en disposición de, en su caso, adecuar o replantear la dinámica inicial. Todo ello con el objetivo de que el proceso de reflexión genere o sea capaz de identificar la vía para afrontar el reto, pero carece de sentido si no se establecen los mecanismos de recepción de las ideas o cuestiones debatidas.

Terminado el propio Laboratorio, pasaremos a la fase de evaluación, de la participación, así como del propio contenido o debate del LAB. De esa manera, se podrá elaborar un informe de evaluación que nos permita generar una transposición de los resultados en decisiones o acciones a implementar en nuestra organización.

Una vez establecidos los factores para la construcción, en este capítulo encontraremos también un ejemplo de Laboratorio de transición implementado que nos permitirá visualizar los elementos desgranados para poder después desarrollar nuestro propio LAB.

CÓMO CONSTRUIR UN LABORATORIO DE TRANSICIÓN

Esta herramienta se encuentra conformado por una fase de preparación, una fase del LAB y una fase de evaluación. Sin embargo, a ello se le anteceden una serie de cautelas previas a tener en cuenta.

TABLA 5

FASES DEL LABORATORIO DE TRANSICIÓN

Cautelas previas	Fase de preparación
Fase de las sesiones del Laboratorio	Fase de evaluación

Fuente: Elaboración propia.

CAUTELAS PREVIAS

La construcción de un Laboratorio de transición debe guiarse en primer lugar por la realidad de la propia organización. No serán fructíferas o partirán con desventaja aquellas dinámicas que se apliquen sin una previa adaptación o análisis de su pertinencia.

Aterrizar en nuestra organización los elementos detallados en el presente capítulo será un trabajo a realizar con perspectiva y voluntad crítica, teniendo siempre la cautela de no justificar patrones y costumbres inadecuadas o indeseables, pero adecuando las dinámicas a la situación, necesidades y objetivos propios.

Siendo conscientes de la realidad de nuestra organización y de la capacidad de cambio de la que disponemos, una actitud propositiva nos permitirá avanzar hacia los objetivos establecidos en común.

GRUPO DE TRABAJO

En la construcción de nuestro Laboratorio de transición, deberemos dirigir primeramente nuestra mirada a la propia organización, es decir, al grupo de trabajo en cuyas manos se va a gestar el LAB. No solo es importante analizar las personas que participarán y la representatividad de estas, sino que también resulta elemental analizar las personas que organizan, preparan o diseñan el Laboratorio de transición.

El grupo de trabajo será el encargado de diseñar el LAB y de llevarlo a cabo. Por tanto, resulta de interés analizar quienes deben ser sus integrantes. Esta decisión puede estar condicionada por cuestiones materiales, es decir, la cantidad de personas que pueden participar en la organización y gestión del LAB, así como cuestiones de fondo en cuanto a que la propia elaboración o diseño del laboratorio, nos lleve a valorar la necesidad de incorporar ciertas perspectivas, colectivos o individuos en el diseño o la construcción[12].

12. Puede resultar necesario incorporar representantes de colectivos, departamentos o intereses en la construcción del Laboratorio. En este sentido, recordamos la importancia de que las voces interpeladas no solo sean escuchadas en las dinámicas,

En ciertos casos resultará interesante o necesario trasladar al colectivo posteriormente emplazado a participar en el LAB, las personas que conforman el grupo de trabajo, el motivo de su incorporación y las personas o cargos que han adoptado esta decisión. No se trata de un ejercicio de justificación, sino de transparencia que nos va a permitir trabajar en el compromiso de los participantes con el propio Laboratorio: si los participantes son conscientes (o incluso partícipes) de la toma de decisiones, se mostrarán más implicados en las dinámicas. Este grupo de trabajo deberá liderar el LAB con voluntad integradora. La honestidad y horizontalidad son elementos fundamentales del que debe encuadrarse en los cimientos. Será necesaria una buena distribución de funciones y responsabilidades, de acuerdo con las necesidades y capacidades, para la generación de un diagnóstico acorde a los objetivos, así como una metodología que permita llevar a cabo el Laboratorio de transición.

Esta estructura, integrantes y reparto de responsabilidades, debe adaptarse a las fases del proyecto de acuerdo con las necesidades que se identifiquen, teniendo en cuenta que deberá responder a aquellas cuestiones que se generen sin previo aviso. Será por ello importante que la dinamización se encuentre abierta a posibles cambios.

Tanto la gestión, anticipación y dinamización puede considerarse estableciendo una serie de preguntas de seguimiento que se incluyen a continuación:

PREGUNTAS DE SEGUIMIENTO:

- ¿Qué necesidades prevemos que va a tener el grupo de trabajo?
- ¿Qué personas/representantes de nuestra organización deben integrar el grupo de trabajo? ¿Qué elementos o parámetros nos llevan a esa decisión?
- ¿Se cubren con estas personas/representantes las necesidades previstas?
- ¿Qué funciones realizará el grupo de trabajo?
- ¿Conviene comunicar a los participantes los motivos? En su caso, ¿qué y cómo lo comunicamos?

sino en la preparación de las propias dinámicas, pues de ello dependerá integra verdaderamente estas perspectivas.

FASE DE PREPARACIÓN

La fase de preparación del Laboratorio de transición deberá reunir la planificación de nuestro laboratorio desde el diseño hasta la evaluación. Dentro de esta fase enmarcamos toda la preparación necesaria para la satisfacción del proyecto. Iniciaremos con un diagnóstico y establecimiento de los objetivos, siguiendo por la concreción de una metodología de trabajo que nos permita ahondar en dicho diagnóstico, planificamos la gestión del tiempo y espacios que nos ayuden en pos de nuestros objetivos, organizaremos una proyección del proyecto junto con una estrategia comunicativa y estableceremos un sistema de evaluación que detalle los criterios que utilizaremos para valorar positiva o negativamente lo acontecido.

FIGURA 2

ETAPAS DE LA FASE DE PREPARACIÓN DEL LABORATORIO DE TRANSICIÓN

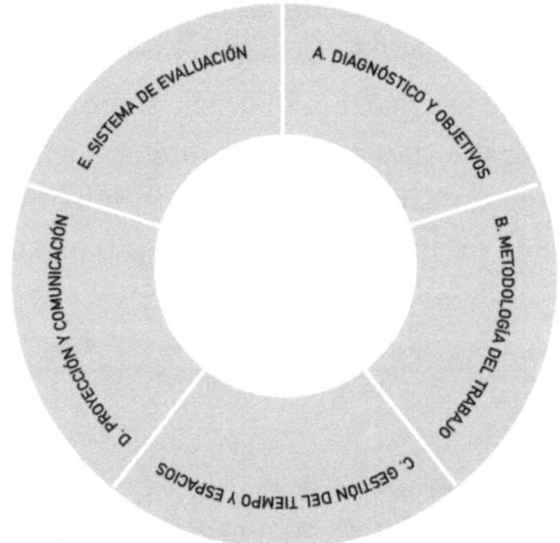

Diagnóstico y objetivos

La primera cuestión por detallar para la construcción de nuestro Laboratorio de transición serán los objetivos o los retos que deseamos poner en el centro del debate. La gran pregunta radica en cómo establecer los objetivos o retos adecuados teniendo en cuenta las capacidades y posibilidades.

Se propone para ello realizar un ejercicio de identificación de los desafíos que se quieren afrontar teniendo en cuenta el alcance que deseamos otorgar al laboratorio; es decir, las problemáticas sobre las que deseamos debatir y el espacio que le queremos otorgar.

Para poder establecer estos objetivos, deberemos realizar un diagnóstico o mapeo del ecosistema que nos permita entender la raíz del reto al que se enfrenta nuestra organización. Un análisis interno de la organización nos permitirá tener en cuenta la realidad de la que partimos a la hora de establecer posteriores escenarios, y un análisis externo nos otorga una comprensión de la organización en relación con su entorno y la sociedad. Realizado el análisis, podremos establecer las prioridades que deseamos trabajar en relación con el objetivo o reto especificado, que nos ayuden a visualizarlo en todo su conjunto. La dinámica en resumen trata de: (i) diagnóstico interno y externo que nos aproxime a la realidad, (ii) identificación de desafíos a raíz del diagnóstico y (iii) establecimiento de prioridades a trabajar.

Las prioridades transversales serán el paraguas en el que establezcamos las dinámicas concretas de nuestro Laboratorio de transición; los elementos sobre los que deseamos trabajar al objeto de afrontar los retos o desafíos que se identifican.

Las propiedades transversales pueden considerarse estableciendo una serie de preguntas de seguimiento que se incluyen a continuación:

PREGUNTAS DE SEGUIMIENTO:

- ¿A qué retos/desafíos se enfrenta la organización?
- ¿Cómo valoramos la organización en relación con estos retos/desafíos? ¿Qué aspectos positivos y negativos debemos tener en cuenta? ¿Cómo afectan estos aspectos a los retos/desafíos?
- ¿Cómo valoramos la sociedad en relación con estos retos/desafíos? ¿Qué aspectos positivos y negativos debemos tener en cuenta? ¿Cómo afectan estos aspectos a los retos/desafíos?
- Teniendo en cuenta este mapeo del ecosistema interno y externo, ¿qué elementos prioritarios identificamos?

Metodología de trabajo

Nos referimos a la metodología de trabajo en cuanto a desarrollo de la estructura del Laboratorio de Transición, es decir, el método por el que se vertebran las sesiones del LAB para trabajar en los objetivos establecidos.

Participantes

La primera cuestión en relación con la metodología de trabajo será la de determinar los participantes del Laboratorio de Transición: las personas que deseamos participen de manera activa en la construcción colectiva de propuestas encaminadas a la gestión de los retos o prioridades transversales.

Para ello, no solo deberemos tener en cuenta los agentes relevantes en el área objeto de debate, sino también los implicados por las futuras posibles decisiones o acciones que se vayan a adoptar. Se deberá valorar de manera objetiva la importancia de la participación de los agentes relevantes e implicados.

Identificados los sujetos o agentes, deberemos tener en cuenta cuántas personas conforman el listado y valorar en su caso si se desea que todos ellos tomen parte o si se prefiere que esta participación se realice de manera representativa; es decir, si nuestro Laboratorio de Transición estará conformado por todas y cada una de las personas que componen los sujetos identificados, o si se prefiere que los individuos participantes lo hagan en calidad de representantes o delegados.

Esta decisión dependerá de varios factores, entre otros, los siguientes:

- La transversalidad y trascendencia del objetivo establecido. Si los objetivos o sus implicaciones afectan de manera significativa a las condiciones de las personas, su participación directa (o cuanto menos la posibilidad de participación), revertirá en la recepción de estos cambios. La posible confrontación, deberá ser valorada por el grupo de trabajo de manera cuidadosa.

- La capacidad o posibilidad que tenga la organización de dedicar recursos al espacio de reflexión. Cuantas más personas participen en las dinámicas, serán necesarios más recursos materiales y tiempo para gestionar el propio espacio.

La horizontalidad y la gestión de las participaciones es una cuestión central a la hora de diseñar los escenarios de debate. Por ello, se deberán prever los posibles factores desencadenantes de la falta de participación igualitaria, de las confrontaciones, etc. y diseñar estrategias para evitarlos o, en su caso, para gestionarlos en caso de que no hayan podido ser evitados.

El objetivo de implementar esta perspectiva resulta en generar dinámicas que permitan un debate respetuoso entre los participantes, en el que se puedan expresar perspectivas divergentes o contrapuestas, sin que ello devenga en una confrontación entre personas que entorpezca la generación de resultados.

PREGUNTAS DE SEGUIMIENTO:

- **¿Qué personas o colectivos deseamos que participen en el Laboratorio de transición?**
- **¿Qué agentes son pertinentes en los debates que vamos a entablar?**
- **¿Qué agentes se van a ver implicados por las decisiones adoptadas?**
- **¿Cómo interpelamos a estos para una participación activa?**
- **¿Las dinámicas diseñadas fomentan la reflexión colectiva? ¿Evitan las confrontaciones o se prevé su gestión?**

Sesiones

Una vez determinados los participantes deseables de nuestro Laboratorio de transición, deberemos planificar las sesiones, entendiendo estas como espacios de reflexión colectiva.

Las sesiones de trabajo deberán planificarse acorde a las prioridades transversales identificadas y los objetivos del LAB. Estas prioridades serán los elementos de estudio de las sesiones y podrán ser desarrolladas en varias si se considera pertinente a efectos prácticos o con el objetivo de obtener los resultados deseados.

Desarrollado el fondo, deberemos definir la cantidad de sesiones y la periodicidad que consideremos más adecuada, concretando las personas, sujetos o agentes que deben participar en cada una de ellas (puesto que no todas las sesiones tienen por qué estar conformadas por las mismas personas). En algunos casos, desearemos una reflexión colectiva y en otros buscaremos perspectivas sectoriales. Lo importante es encontrar un método acorde a la realidad que hemos detectado.

Dependiendo de las dinámicas que se planifiquen, se deberá contemplar la posibilidad o necesidad de poner en manos de los participantes el conocimiento o contenido que se vaya generando durante el laboratorio. Este traspaso de la información puede plantearse mediante documentos compartidos o realizando resúmenes de los contenidos más relevantes al inicio o final de las sesiones.

Una vez definidas las sesiones, resaltamos la importancia de comunicar a los participantes de antemano la hora de inicio y final previstas, para que todas las personas se sientan cómodas y puedan planificar sus compromisos. Igualmente, se recomienda realizar una explicación del planteamiento de la sesión al inicio con el objetivo de que se ponga en común lo esperado o planificado.

PREGUNTAS DE SEGUIMIENTO:

- **¿Cuántas sesiones queremos y podemos dedicar a cada prioridad?**
- **¿Cuánto tiempo han de durar las sesiones?**
- **¿Quiénes deben participar en cada una de las sesiones?**
- **¿Resulta interesante compartir el contenido relevante durante el Laboratorio? En su caso, ¿cómo queremos compartirlo?**

Dinámica

Nos encontramos ya en la fase de preparación de las dinámicas concretas para las sesiones planteadas. Deberemos tener en cuenta la cantidad de personas que pretendemos o esperamos que vayan a participar y que estas dinámicas deben fomentar el diálogo y la colaboración, por lo que deberán estar encaminadas a la obtención de reflexiones en pos de los objetivos establecidos.

En este sentido, el establecimiento de unos parámetros comunes fomentará la comunicación y permitirá que los participantes se encuentren en sintonía. Por ello, se recomienda realizar al inicio una contextualización de los elementos a debate o cuestiones objeto de reflexión. De esta manera, una vez abierto el espacio de diálogo (sea en modo plenario o en grupos) los participantes compartirán elementos fundamentales que les ayudará a la hora de comunicarse.

Sin embargo, se ha de tener en cuenta la importancia de que esta primera exposición se realice de tal manera que no genere sesgos en la producción y consenso de las ideas de los participantes o entorpezca las posibles aportaciones. La información o primer acercamiento que se quiera acometer deberá intentar mantenerse fuera de toda valoración para no influenciar de manera negativa la dinámica.

Los procesos de reflexión colectiva podremos dinamizarlos de diferentes modos: reflexión basada en preguntas, dinámicas de lluvia de ideas, grupos reducidos... Dependiendo del número de participantes y de cómo valoremos las relaciones internas, planteamos la dinámica más adecuada para obtener los resultados deseados.

PREGUNTAS DE SEGUIMIENTO:

- ¿Queremos realizar una presentación inicial? ¿En qué parámetros?
- ¿Qué ejercicios planteamos para cada sesión de nuestro Laboratorio?
- ¿Cómo vamos a recopilar la información?

Gestión del tiempo y espacios

De nada sirve una planificación de sesiones y dinámicas si esta no va unida a una gestión del tiempo efectiva que permita a los integrantes participar. En este sentido, resulta importante delimitar los tiempos de debate y descanso, así como contemplar espacios más distendidos o informales donde generar sinergias y entablar relaciones.

Y para ello, también se han de configurar las infraestructuras u otro tipo de elementos que resulten necesarios para llevar a cabo las dinámicas propuestas de una manera cómoda, agradable y accesible.

En algunas ocasiones resultará interesante un espacio que permita la separación de grupos en diferentes salas, para que la reflexión se haga de manera más relajada. En otros, la opción de salir al aire libre o, incluso, la decisión de establecer las sesiones en un lugar neutro para todos los participantes resultarán claves para fomentar estas reflexiones.

No existe una fórmula homogénea; el diagnóstico y las dinámicas planteadas serán nuestra guía a la hora de adoptar las decisiones.

PREGUNTAS DE SEGUIMIENTO:

- **¿Consideramos interesante hacer descansos entre dinámicas? ¿Necesitamos algún elemento de apoyo para los descansos?**
- **¿Qué tipo de espacio físico es el idóneo para nuestra sesión?**

Proyección y comunicación

La adopción de una estrategia comunicativa acorde a los objetivos es un instrumento muy valioso. Es por ello, que deberemos plantear una estrategia interna y una estrategia externa, dependiendo de los objetivos concretados.

Una estrategia interna enfocada a atraer a los participantes, dando a conocer los debates que se van a plantear, realizando un seguimiento y recordatorio de las sesiones... nos permite celebrar el Laboratorio de transición de la manera planeada. Estas comunicaciones estarán dirigidas a los sujetos del LAB y buscarán ahondar en su fidelización con el proyecto.

Una estrategia externa, dedicada a dar a conocer los resultados puede ayudar a socializar las motivaciones que justifican las decisiones o acciones que se vayan a adoptar. Esta deberá estar enfocada en aquellos sujetos que, si bien no tienen por qué ser participantes del laboratorio, se considera interesante informar y comunicar sobre los resultados del LAB.

PREGUNTAS DE SEGUIMIENTO:

- ¿Cómo queremos comunicarnos con los participantes? ¿Cómo ahondamos en su fidelización con el Laboratorio?
- ¿Qué discurso planteamos como estrategia de comunicación?
- ¿Cómo socializamos los resultados? ¿Qué medios o mecanismos utilizamos?

Sistema de evaluación

Si bien puede parecer un elemento secundario, en el marco de la preparación del Laboratorio de transición, no resulta baladí el preestablecimiento de los sistemas de evaluación. Esto nos permitirá poder realizar posteriormente un análisis objetivo de los resultados de la dinámica.

Estos sistemas de evaluación deberán estar conformados, cuanto menos, por unos parámetros para analizar el fondo del debate, los resultados obtenidos y su adecuación a las necesidades de la organización, sin olvidar las cuestiones de forma como la participación igualitaria, la construcción de un espacio seguro de reflexión, la gestión de conflictos o relaciones de poder, etc. En esencia, se deberá determinar cómo se evaluarán los parámetros definidos en la fase de preparación.

Teniendo en cuenta la posibilidad de que la fase de preparación no haya incluido todos los parámetros relevantes, el sistema de evaluación del LAB deberá contemplar también la introducción de otros elementos que hayan sido relevantes en la práctica de las sesiones.

El sistema de evaluación deberá detallar el mecanismo de valoración de cada parámetro, es decir, en base a que se valora positiva o negativamente cada elemento, pudiendo establecer cuestiones cuantitativas, cualitativas o ambas.

PREGUNTAS DE SEGUIMIENTO:

- ¿Qué elementos debemos evaluar?
- ¿Qué parámetros de evaluación deseamos considerar?
- ¿Cómo consideramos que un ejercicio ha sido exitoso?

FASE DE LAS SESIONES DE LABORATORIO

De acuerdo con el diseño que hayamos preparado en la fase de preparación, celebraremos las sesiones del Laboratorio de transición. En esta fase, tomará especial relevancia la dinamización y la gestión de la participación para que los integrantes puedan compartir sus experiencias, opiniones, dudas e ideas en torno a las cuestiones suscitadas. El contenido, deberemos recopilarlo para su posterior evaluación.

Gestión de la participación

Tal y como hemos avanzado, un elemento esencial en los Laboratorios de transición es la participación de sus integrantes. Sin contenido o reflexiones, no tendremos resultados y, por tanto, no podremos cumplir los objetivos establecidos. En esta tarea, será esencial la figura del dinamizador y de las herramientas que pueda disponer para gestionar y fomentar una participación horizontal y segura.

La participación no siempre responde a las mismas estrategias, dependerá de los integrantes y de las relaciones entre ellos. Sin embargo, adoptar estrategias de participación igualitaria y revisar o replantear los espacios desde este prisma fomentará las relaciones de confianza que deseamos generar.

Un de los retos más relevantes en cuanto a la participación, son las dinámicas que puedan generarse a raíz de las relaciones entre los participantes y, en concreto, de los roles y relaciones de poder que existan previamente (relación laboral, personal, jerárquica...) o se puedan generar (con base en la edad, género, experiencia...). Este reto tendrá que afrontarse desde la dinamización, siendo conscientes de su existencia y dotándonos de capacidades para actuar en consecuencia, evitando efectos perjudiciales. También, debemos tener en cuenta que todo debate puede dar lugar a discrepancias o conflictos que no benefician la participación o incluso que empobrecen el discurso, por ello, será labor de la dinamización hacerle frente a las discrepancias o conflictos que se puedan generar a raíz de los debates, para superarlos y obtener así conclusiones de las dinámicas.

Si bien la planificación juega un papel esencial, también resultará de especial importancia la capacidad de observación, gestión e improvisación por parte de la dinamización. Nos encontramos, en resumen, trabajando con personas sin que podamos prever todos y cada uno de los obstáculos hacia una comunicación horizontal que se puedan generar en las sesiones. Por ello, una dinamización empoderada centrada en identificar y gestionar estos choques permitirá avanzar en un Laboratorio de transición en pos de la escucha a los participantes.

Nuevamente, se proponen a continuación una serie de preguntas que pueden utilizarse para vertebrar la gestión de la participación.

PREGUNTAS DE SEGUIMIENTO:

- ¿Qué conflictos/relaciones de poder consideramos puedan entorpecer una participación igualitaria?
- ¿Cómo planificamos dinámicas que afronten estos en pos de una participación cómoda y segura? ¿Cómo aseguramos que todos los participantes tienen la opción de participar?
- ¿Dispone la dinamización de las herramientas necesarias para gestionar los conflictos que se puedan generar en el Laboratorio de transición?

Recopilación de la información

La recepción de las reflexiones será una pieza clave en nuestro Laboratorio de Transición, que nos permitirá evaluar los debates, las ideas y los matices de las percepciones individuales o colectivas de las sesiones organizadas. Una correcta recopilación de la información será la base sobre la que posteriormente se sustentará la evaluación y el informe de resultados.

Metodología

La recopilación se puede planificar de diferentes maneras: la grabación de las sesiones en vídeo o audio, la transcripción de las conversaciones a través de notas, la gestión a través de acta, la recopilación de materiales escritos que se hayan generado en las dinámicas... Dependerá de los objetivos que hayamos establecido optar por una u otra, adoptar distintos mecanismos de recopilación en cada una de las sesiones e, incluso, establecer varios mecanismos a la vez.

La técnica o técnicas de recopilación utilizadas tendrán sus efectos en la recepción posterior de dicha información; no evaluaremos o analizaremos de igual manera una información recopilada mediante técnicas de grabación, que mediante unas notas manuales generadas durante la sesión.

Por tanto, la adopción de una u otra técnica dependerá del objeto de nuestro Laboratorio, del tipo de información que deseamos recopilar en relación con los objetivos establecidos. La cuestión central radica en que la decisión sea consciente y coherente con las necesidades de información, al mismo tiempo que persigan un parámetro de utilidad para el proceso de desarrollo posterior. Es importante gestionar el exceso de información y de datos, para no tener dificultades a la hora de extraer las reflexiones más importantes.

Impacto

No podemos obviar el impacto de la recopilación de la información en la participación. Las personas no compartimos de igual manera información sensible o comprometida en público que en privado. Por ello, una valoración previa de este impacto nos permitirá adoptar una decisión consciente de sus efectos. Además, es importante considerar que los distintos mecanismos de recopilación de información afectan a los individuos de forma diferente. Por ejemplo, una persona recogiendo un acta con las reflexiones más relevantes no se percibirá de igual manera que una grabación de vídeo.

No solo el propio método de recopilación, sino la gestión del dato posterior será muy relevante a la hora de evaluar el impacto en la participación. La misma grabación en video generará diferentes impactos dependiendo de su objetivo. Será diferente una grabación para su publicación en redes sociales, que una grabación cuyo objetivo sea la visualización y transcripción por parte del grupo de trabajo. De igual manera, deberemos tener en cuenta que no todo colectivo percibe del mismo modo estos métodos de recopilación. Dependerá de muchos factores, como la edad, las responsabilidades personales o profesionales, la proyección del objeto del proyecto...

Todos estos elementos deberán ser también objeto de valoración, previa la implementación de los sistemas de recopilación. Así, podremos ponderar la importancia de la implementación del sistema que consideremos más adecuado y la invasión que genera hacia los participantes. Esta ponderación que permitirá en su caso establecer mecanismos de minimización de estos impactos, sea cambiando el método de recopilación, sea adaptando este mecanismo a las necesidades o características de los participantes.

La técnica de recopilación de datos dependerá por tanto de la información que deseemos recopilar, de la capacidad de gestión posterior de la información (tanto material como temporal), así como de la planificación de las sesiones. En resumen, nos debe ayudar en generar resultados deseados en vislumbrar los objetivos establecidos en la planificación.

PREGUNTAS DE SEGUIMIENTO:

- **¿Qué métodos de recopilación de la información podríamos implementar en cada una de las sesiones? ¿Con qué realidad material nos encontramos?**
- **¿Este método o métodos propuestos nos permiten la gestión posterior de la información de manera eficiente en pos de nuestros objetivos?**
- **¿Se encontrarán cómodos los participantes con este método de recopilación de la información? ¿Cómo transmitimos seguridad y confidencialidad?**

Replanteamiento del LAB

Tal y como ya hemos establecido, el análisis y la evaluación previas son elementos indispensables a la hora de establecer las bases del Laboratorio de transición; sin esta fase previa de diagnóstico, el

LAB no podrá estar en coherencia con la realidad externa e interna de nuestra organización. Sin embargo, aun realizando un diagnóstico detallado y certero de la situación, puede darse el caso de que el planteamiento realizado no sea todo lo provechoso que debería.

En este sentido, deberemos estar preparados para, por un lado, identificar la situación y ser conscientes de que las dinámicas no están siendo las adecuadas o no están conectando con los participantes y, por otro, adoptar las decisiones de cambio o reestructuración para fomentar o intentar redirigir las sesiones restantes para alcanzar los objetivos.

Resulta necesario que este replanteamiento se realice desde una perspectiva de transparencia y honestidad, evitando toda injerencia en los propios resultados del Laboratorio. Es decir, no puede utilizarse para reconducir reflexiones que no sean las esperadas.

La posibilidad de replanteamiento puede incluso estar prevista dentro de la planificación de nuestro Laboratorio de transición como una suerte de evaluación parcial anticipada, estableciendo, en este caso, las causas o motivos que pueden dar lugar a la necesidad de replantear ciertos aspectos del LAB.

El replanteamiento y consecuente reestructuración estarán por tanto basados en el *feedback* de las sesiones o las dinámicas, y en las percepciones que hayamos podido obtener de las mismas e, incluso, pueden estar basadas en dinámicas realizadas al objeto de valorar el Laboratorio de transición.

PREGUNTAS DE SEGUIMIENTO:

- **¿Valoramos necesario replantear ciertos aspectos de nuestro LAB?**
- **¿Cómo organizamos este replanteamiento para que sea percibido de manera positiva por los participantes? ¿Cómo lo transmitimos?**

FASE DE EVALUACIÓN

Nos encontramos ya en la fase de evaluación de nuestro Laboratorio de transición. Esta fase nos permitirá poner en común los resultados del LAB, realizando una lectura crítica de las sesiones para determinar la efectividad y eficiencia; es decir, si el Laboratorio de transición ha sido productivo de acuerdo con los objetivos marcados.

Cuando hablamos de análisis de la productividad de acuerdo con los objetivos marcados, debemos atenernos al sistema de evaluación previsto en la fase de preparación. Así se pretenden evitar los sesgos que se hayan podido generar de la propia participación y celebración de las sesiones. Seguir los parámetros de evaluación preestablecidos, para evitar valoraciones subjetivas.

Esta subjetividad, debe ser combatida por los responsables de la evaluación para que sus propios sesgos o percepciones no alteren los resultados de la puesta en común y, en consecuencia, los resultados y acciones a realizar.

Sin embargo, estas percepciones serán muy valiosas a la hora de adoptar un consenso en relación con parámetros de valoración que no estuvieran preestablecidos. La valoración del Laboratorio de Transición no será completa si no diseñamos mecanismos para incorporar a posteriori elementos a valorar, que no fueron o no podían haberse previsto.

El grupo de trabajo deberá decidir qué personas, individuos o colectivos son los responsables de realizar esta evaluación, que tendrá que estar en sintonía con los objetivos del propio proyecto. De igual forma, estos objetivos marcarán la línea de elementos a evaluar.

Podemos avanzar que en todo Laboratorio de transición resultará obligatorio valorar los siguientes parámetros: participación y fondo.

Tal y como ya hemos establecido, la participación es el corazón de los Laboratorios, por ello, resulta esencial que este sea objeto de análisis, no solo en cuanto a cantidad de individuos o participantes, sino también en cuanto a su participación activa, cohesión o comodidad generada entre los participantes, horizontalidad, gestión de roles... Se trata de analizar la participación en su conjunto y como elemento central del Laboratorio de transición.

En profunda cohesión con la participación, el fondo del contenido y debate generados son los otros aspectos fundamentales que toda evaluación ha de incluir. En este sentido, tendremos en cuenta la calidad de los aportes realizados, los elementos de consenso y desacuerdos, los aportes innovadores que pueden servir de palanca, la aplicabilidad de medidas o ideas obtenidas... El fondo de las sesiones nos permitirá una valoración sobre la calidad del Laboratorio de transición.

Una vez realizada la evaluación se podrá discernir el informe de resultados en el que se reflejarán los retos iniciales y las decisiones y acciones que se propongan desde el LAB; una suerte de transposición de resultados.

Este informe debería contener también plazos y responsables de implementación que permitan socializar los análisis realizados con los colectivos afectados. Por ello, se deberán establecer los mecanismos pertinentes para una correcta gestión del seguimiento de la proyección de las reflexiones, la adopción de acciones o cualquier otro resultado del Laboratorio de transición.

PREGUNTAS DE SEGUIMIENTO:

- ¿Cómo valoramos la participación de nuestro Laboratorio de transición?
- ¿Hemos conseguido una participación horizontal y heterogénea? ¿Hemos adaptado los espacios a la realidad de los participantes?
- ¿Hemos actuado en caso necesario para garantizar la participación segura de todos los participantes?
- ¿Se ha conseguido reflexionar sobre los objetivos del LAB de manera que podamos extraer cuestiones centrales que nos permitan actuar dentro de nuestras prioridades transversales?
- ¿Existen cuestiones fuera del sistema de evaluación que debamos tener en cuenta? ¿Cómo reflexionamos en torno a su pertinencia?
- ¿Qué seguimiento diseñamos a nuestro plan de resultados?

LABORATORIO DE TRANSICIÓN SOBRE EL CUIDADO COMO RETO TRANSVERSAL. UN EJEMPLO DE IMPLEMENTACIÓN

En el anterior apartado hemos visto los ejes que un Laboratorio de transición debe tener, así como la importancia de modular o adaptar las herramientas a las realidades o necesidades concretas de nuestra organización; adaptaciones centradas en adecuar los parámetros de acuerdo con nuestras capacidades y objetivos.

En el presente apartado, centrado en ofrecer un caso de uso, pondremos en marcha un Laboratorio de transición cuyo reto, el cuidado, nos servirá para realizar una aproximación a la confección de un LAB.

Para ello, nos situaremos en una organización empresarial que desea implementar un Laboratorio de transición para tratar y gestionar el reto del cuidado.

GRUPO DE TRABAJO

La idea o propuesta inicial de celebrar un Laboratorio de transición surge a raíz de un informe del departamento de gestión de personas en el que se constatan las dificultades que están encontrando para hacer frente a las diversas necesidades de modificación de horarios, días libres... que los trabajadores están solicitando.

Siendo este tema un aspecto muy discutido en el ámbito interdepartamental y constatando que existe una preocupación generalizada sobre ciertos aspectos relacionados con los permisos parentales, las jornadas reducidas... se propone establecer un marco de diálogo que permita obtener una fotografía de la realidad, necesidades y objetivos de los trabajadores, así como de la propia organización. El objetivo general se situaría en poder establecer un modelo de trabajo que se adecue de una manera más cercana a dichas necesidades; es decir, adaptar los modelos, métodos, carga y reparto del trabajo.

Dentro de este marco inicial, en la reunión interdepartamental se debate sobre la creación de un grupo de trabajo cuyo objetivo sea la gestión y dinamización de un Laboratorio de transición, así como la elaboración de una propuesta de implementación acorde a los resultados.

Para configurar dicho grupo de trabajo, se propone la siguiente dinámica:

1. ¿Cuáles son los aciertos que podemos tener a la hora de configurar el grupo de trabajo?
2. ¿Cuáles son los errores que podemos cometer a la hora de configurar el grupo de trabajo?
3. ¿Qué dudas tenemos a la hora de configurar el grupo de trabajo?

Identificando los aciertos, errores y dudas sobre la conformación del grupo de trabajo, se pretende elaborar una guía para la confección de unos parámetros que habiliten la formación de la dinamización adecuada para el Laboratorio de transición.

En la tabla 6 se resume la propuesta de la dinámica.

TABLA 6

PROPUESTA DE DINÁMICA DE ACTUACIÓN

ACIERTOS	ERRORES	DUDAS
Diversidad (edad, género, departamento, antigüedad en la empresa, cargos)	Falta de participación de la plantilla	¿Cómo debe tomar parte la dirección?
Compenetración con el comité de empresa	Falta de comunicación directa con la plantilla	¿Cuántas personas deben conformar el grupo de trabajo?
División del trabajo y comunicación horizontal	Omisión de las relaciones de poder dentro del grupo de trabajo	

Fuente: Elaboración propia.

Se definen así ciertos parámetros integradores para la constitución del grupo de trabajo que liderará el Laboratorio de transición. Se acuerda que, para asegurar una participación equitativa de los distintos departamentos, así como de las diversas realidades individuales y colectivas de las personas que integran la organización, el grupo de trabajo estará conformado por personas de acuerdo con los siguientes parámetros:

- El grupo de trabajo deberá estar conformado por tres mujeres y dos hombres; cinco personas en total que representan a cada uno de los cinco departamentos de la empresa, de los cuales uno deberá ser miembro del comité de empresa y otro una persona que no lleve más de 2 años trabajando.

- En el grupo de trabajo no tomarán parte las personas que conforman dirección de la empresa, debiendo asegurarse su participación en las dinámicas del LAB para que se reflejen de manera adecuada sus opiniones y perspectivas.

Estos parámetros, son trasladados y justificados ante la totalidad de la empresa, en un ejercicio de transparencia y honestidad, para de esa manera afianzar el compromiso con el proceso de deliberación.

Como piedra angular de la participación, se habilita un plazo para que cualquier persona pueda proponerse o proponer a otro trabajador para el grupo de trabajo. Una vez recopiladas las propuestas, la reunión interdepartamental selecciona las personas para que cumplan con los parámetros establecidos y se confirma el grupo de trabajo frente a la totalidad de la plantilla.

Se habilita, asimismo, un canal de escucha directa del grupo de trabajo para comunicar cualquier información o reflexión de relevancia para el proceso con posibilidad de anonimidad; un canal de comunicación que permita disponer al grupo de trabajo de toda la información necesaria para realizar su encomienda.

FASE DE PREPARACIÓN

El grupo de trabajo ya conformado es el encargado de la fase de preparación del LAB, que realizará un planteamiento global enfocado en recabar la información necesaria para elaborar el informe que recoja posibles soluciones al reto planteado.

Diagnóstico y objetivos

Como primer elemento de la fase de preparación, el grupo de trabajo debe asumir el trabajo de elaborar un diagnóstico del reto planteado, para obtener así las prioridades transversales objeto del Laboratorio de transición. Este diagnóstico, planteado a nivel interno y externo, nos permite obtener una radiografía próxima a la realidad que disecciona de una u otra manera el reto de equilibrar las responsabilidades de cuidado y el trabajo, así como proporcionar las medidas más adecuadas para generar un equilibrio.

Tres de las personas integrantes del grupo de trabajo se encargará de elaborar el diagnóstico interno y los restantes dos integrantes, el diagnóstico externo. Una vez elaborados los borradores, la puesta en común permitirá finalizar el trabajo diagnóstico y obtener los resultados: las prioridades transversales.

Diagnóstico interno: realidad de la organización y los trabajadores

Para la realización de este diagnóstico interno, se han elaborado una serie de preguntas enfocadas a obtener una realidad lo más certera posible sobre la realidad organizativa de los departamentos y sus integrantes.

Ámbito personal:

- ¿Consideras que tu carga de trabajo te permite tener una vida equilibrada?
- ¿Consideras que tienes dificultades para armonizar los cuidados y el trabajo?
- ¿Cuál o cuáles serían los elementos/aspectos que te dificultan compaginarlos?
- ¿Te has visto dificultado para solicitar o implementar medidas de adaptación? ¿Has percibido o se te ha impedido adaptar tu trabajo a tus necesidades?
- En el caso de que hayas adoptado alguna medida para adaptar tu trabajo a la carga de cuidados (teletrabajo, días de permiso...), ¿consideras útil la medida?
- ¿Consideras que tener responsabilidades de cuidado ha limitado tu crecimiento profesional?
- Indícanos cualquier otro aspecto que quieras mencionar.

Ámbito departamental:

- ¿Existen compañeros que han implementado medidas de adaptación (reducción, teletrabajo...) de su jornada para compatibilizar las tareas de cuidado y el trabajo?

- ¿Consideras que has tenido dificultades a la hora de trabajar con compañeros que han adoptado una medida de adaptación?
- ¿Consideras que tus compañeros han tenido dificultades para implementar una medida de adaptación?
- Indícanos cualquier otro aspecto que quieras mencionar.

Se ofrece y fomenta que todos los trabajadores participen y compartan de manera anónima sus opiniones, elaborando así un diagnóstico que refleje cuatro aspectos: las fortalezas, oportunidades, debilidades y amenazas.

Diagnóstico externo: realidad de la sociedad

A diferencia del diagnóstico interno, el externo basa su elaboración en un análisis realizado por los propios integrantes del grupo de trabajo sobre diversos aspectos relacionados con el trabajo y los cuidados.

- Ámbito social.
- Ámbito jurídico.
- Ámbito económico.
- Ámbito tecnológico.

De esta manera, se obtiene una radiografía de la percepción social o colectiva en la que habita la empresa sobre la relación entre trabajo y cuidados, así como sobre los mecanismos jurídico, económico o tecnológicos que se proponen o adoptan de cara a facilitar la cohesión.

Resultado del diagnóstico

El resultado del diagnóstico realizado nos ofrece un análisis exhaustivo de la realidad de nuestra organización en lo que respecta a cómo se afrontan los cuidados. De ello, extraemos los pilares en los que fundamentamos nuestras prioridades transversales que conformarán las sesiones del Laboratorio de transición.

- Se detecta una desinformación sobre lo que abarcan los cuidados.
- Se detecta una desinformación de los mecanismos legales actuales.
- Se detectan fricciones en cuanto al modo y motivos que llevan a solicitar una modificación por cuidados.
- Se detectan dificultades para solicitar una modificación por cuidados, sobre todo en las personas recién incorporadas a la organización.
- Se detecta una dificultad para conciliar la vida personal y la vida laboral.

Gestión del tiempo y espacios

Tal y como ya ha sido definido, el Laboratorio de transición estará conformado por ocho sesiones en las que se plantearán soluciones o alternativas a la conflictividad reseñada.

Se valora en este sentido que la duración excesivamente corta imposibilita el debate reflexivo, mientras que una duración excesivamente larga genera un rechazo hacia la dinámica. Por ello, y habida cuenta de que las sesiones serán semanales, se concluye que deberán ser de entre 2 a 3 horas (dependiendo de la sesión o dinámica planteada), en el que se dispondrá de una pausa de 20 minutos de descanso. Resulta esencial de cara a la organización (tanto de la dinamización como de las personas que toman parte) ceñirse al tiempo planteado.

Por otro lado, y en aras a asegurar una participación activa y proactiva, durante el descanso se ofrecerá un refrigerio y se fomentará que los participantes salgan a la zona exterior cercana al salón de reuniones donde se celebrarán las sesiones.

Dado que el salón de reuniones está equipado con suficientes mesas y sillas, así como con el equipo audiovisual necesario, para la celebración únicamente será necesario asegurar la disposición de material de oficina para aquellas personas que deseen anotar ideas, así como del material que expresamente requiera la dinámica.

Metodología de trabajo

La metodología de trabajo es definida por el grupo de trabajo y socializada o comunicada al conjunto de la organización. Se plantean así ciertos aspectos prácticos del Laboratorio de transición, orientados a determinar quién, cómo y dónde se realizarán las sesiones del LAB; teniendo como punto de partida la participación igualitaria.

Participantes

Todos los trabajadores de la empresa deben tener la oportunidad (pero no la obligación) de participar de forma activa en las sesiones que constituyen el núcleo del Laboratorio de transición; se plantea por tanto que la participación sea optativa de cada individuo.

Conscientes de la diferencia en cuanto a horarios y presencialidad de los diversos departamentos, las sesiones deberán plantearse en dos horarios y días diferentes, para no desfavorecer a ningún departamento ni impedir la participación.

Para ello, previo acuerdo con la dirección se comunica a la plantilla que las horas de participación en las sesiones se computarán como horas efectivas de trabajo y que todos los departamentos deben implementar las modificaciones necesarias para habilitar la mayor participación posible en los espacios de reflexión.

Las personas que decidan participar en las sesiones podrán contribuir en todas o en algunas sesiones, dependiendo de su disponibilidad, implicación, interés... Para ello, cumplimentarán un formulario de participación. Se refuerza en este sentido, la necesidad de compromiso a toda la plantilla a participar, en aras a poder realizar este ejercicio de reflexión conjunta, así como a actuar con responsabilidad para cumplir con la participación marcada.

Sesiones

El planteamiento de las sesiones se centra en acomodar las necesidades de debate a la realidad de la organización y los trabajadores; un planteamiento dinámico que no resulte tedioso y que de pie a un debate saludable y fructífero.

Antes de iniciar el LAB, se realizará un acto de presentación del diagnóstico y de las sesiones planteadas. Como núcleo del LAB se celebrarán seis sesiones. Finalmente, con el objetivo de presentar el informe final y propuestas de implementación, se convocará un acto de clausura del Laboratorio de transición.

El calendario de las sesiones del Laboratorio de transición se programará alternando semanalmente los jueves por la tarde y los miércoles por la mañana. De esta manera, se pretende posibilitar la participación generalizada de la plantilla. Tanto la presentación inicial como la final se celebrarán un viernes por la mañana en el que se habilitarán mecanismos (cierres de departamento u otras iniciativas) para que puedan participar el mayor número de trabajadores.

Dinámica

Se planifican una serie de temáticas y dinámicas para trabajar de manera reflexiva en el reto que nos ocupa, encaminado a realizar un abordaje integral y, sobre todo, asegurando una participación activa y horizontal. Se desgranan así las prioridades transversales identificadas en el diagnóstico, y se diseñan y planifican las sesiones:

Diagnóstico y sensibilización

Si bien se ha realizado una primera presentación sobre el diagnóstico elaborado, se considera importante que el Laboratorio de transición trabaje sobre este diagnóstico en el que generar el espacio para realizar una crítica de las cuestiones que se perciben incorrectas, incorporar elementos que se hayan omitido e interiorizar sus conclusiones.

Se trata de una sesión que pretende establecer unas bases comunes para el debate, así como plasmar la realidad (a veces compleja de entender) de las diferentes realidades de los trabajadores, un proceso de sensibilización hacia las personas y el propio reto transversal que nos ocupa.

Dispondremos primeramente de una exposición inicial del diagnóstico a cargo de dos personas del grupo de trabajo, de entre 30 y 40 minutos. Terminada la exposición, habrá un descanso de 20 minutos, después se abrirá un coloquio para ponerlo en cuestión, plantear dudas, o establecer de manera clara los elementos principales de cara a poder posteriormente iniciar una reflexión colectiva.

- ¿Cómo percibimos este diagnóstico? ¿Nos impactó cuando lo recibimos?
- ¿Qué nos incita el diagnóstico? ¿Nos sentimos reflejados o tenemos discrepancias con el diagnóstico?
- ¿Consideramos importante añadir nuevos elementos?

El coloquio de una hora aproximadamente se realizará en sesión plenaria, por lo que se deberán reforzar las medidas para garantizar la participación libre y horizontal. La dinamización a cargo de dos personas del grupo de trabajo se encargará de gestionar cualquier tensión que se pueda generar, así como de ofrecer la oportunidad de participar a aquellas personas que no estén interviniendo.

Se preparará una presentación visual que sirva de resumen del diagnóstico. Esta presentación será enviada por correo electrónico a toda la plantilla, junto con un resumen de las ideas o cuestiones centrales debatidas.

TABLA 7

PROPUESTA DE PRESENTACIÓN VISUAL DEL DIAGNÓSTICO

Presentación del diagnóstico	Plenario	30 minutos
Descanso		20 minutos
Coloquio	Plenario	1 hora
Total		1 hora y 50 minutos

Fuente: Elaboración propia.

Los cuidados desde la organización

Esta sesión pretende abordar la forma en la que hoy en día se enfrentan los cuidados desde la organización. Para facilitar el debate, se divide en dos fases entre las cuales se hará un descanso de 20 minutos: una primera para entablar un debate acerca de los cuidados y una segunda para poner en el foco los cuidados en el marco de la organización.

Cada fase se abordará dividiendo a los participantes al azar en grupos de 6 personas (aprox.), a los que se les dará una serie de preguntas a modo de guía, para iniciar el debate, sin que se limite el proceso reflexivo. Una vez realizada la reflexión y debate en grupos de la primera fase, para lo que dispondrán de 40 minutos, se presentarán las cuestiones principales en sesión plenaria de otros 40 minutos y así poner el trabajo en común. Después del descanso, se realizará la misma dinámica con la segunda fase.

Primera fase:

- ¿Qué son los cuidados? ¿Tenemos derecho a ser cuidados?
- ¿Estamos siendo cuidados? ¿Tenemos las herramientas para ejercer estos cuidados?
- ¿Cómo deseamos ejercer estos cuidados? ¿Cómo ejercerlos en colectividad?

Segunda fase:

- ¿Se deben integrar los cuidados en el marco de la cultura organizacional?
- ¿El modelo organizacional afecta en los cuidados?
- ¿Se deben modificar procesos de trabajo de acuerdo con la necesidad de cuidados? ¿Cuáles?
- ¿Se deben ponderar ventajas y desventajas? ¿Cómo?
- ¿Existen resistencias a esta integración? ¿Cuáles?

Con la reflexión colectiva de las sesiones plenarias la dinamización deberá aglutinar las ideas resultantes de cada grupo de modo que se pueda visualizar un árbol de ideas de cada una de las fases. A todos los grupos se les pedirá que anoten todas las ideas, que serán recogidas por la dinamización.

TABLA 8

PROPUESTA DE PRESENTACIÓN VISUAL.

PRIMERA FASE		
Debate	Grupos	40 minutos
Presentación de reflexiones	Plenario	40 minutos
Descanso		20 minutos
SEGUNDA FASE		
Debate	Grupos	40 minutos
Presentación de reflexiones	Plenario	40 minutos
Total		3 horas

Fuente: Elaboración propia.

El trabajo y la vida personal

Esta tercera sesión se centra en entablar una conversación sobre los cuidados en la vida personal de los trabajadores. Se pretende de esta manera que podamos entender los efectos que genera la relación trabajo-vida personal, para así atender a las necesidades que podamos advertir de manera creativa y resolutiva.

La dinámica para esta sesión se distribuirá de la siguiente manera. Primeramente, cada participante dispondrá de 20 minutos para responder a un cuestionario de preguntas por escrito en el que se identifiquen los escollos o fricciones que se van generando entre la vida personal y el trabajo.

- ¿Cómo valoro la relación entre trabajo y vida personal? Enumera 5 o más elementos positivos y otros tantos negativos
- ¿Con qué dificultades me encuentro a la hora de realizarme personalmente?
- ¿Con qué dificultades me encuentro a la hora de cuidar o ser cuidado?

- ¿Soy capaz de compartir o trasladar de manera adecuada mis necesidades dentro de la empresa?
- ¿Existen los canales apropiados en la empresa para poder adaptar mi trabajo a mi realidad personal?
- ¿Cuál es el mayor escollo con el que te has encontrado en la empresa?

El cuestionario anónimo pretende valer para realizar una radiografía completa sobre la realidad individual de los trabajadores participantes, por lo que será recogido para servir de apoyo a la elaboración del informe o propuestas finales. Se informará de ello al inicio de la sesión.

Siendo los participantes plenamente conscientes de los puntos de conflicto individuales, nos encontramos en la tesitura de poder pasar al siguiente ejercicio. Dividiremos a los participantes al azar en grupos de 6 personas aproximadamente para que en una hora pongan en común las reflexiones individuales y conformen un mapa que visualiza las ideas. Si existen desacuerdos, se propone que lo plasmen de esa manera en el mapa.

Realizado el descanso, se presentarán estos mapas en sesión plenaria (10 minutos por grupo) y se realizará un debate abierto sobre coincidencias, desacuerdos, etc. No se trata de buscar un consenso, sino de generar un debate saludable sobre las necesidades que se identifican de manera colectiva.

TABLA 9

PROPUESTA DE PRESENTACIÓN VISUAL DEL DIAGNÓSTICO

Cuestionario	Personal	20 minutos
Mapa de ideas	Grupos	1 hora
Descanso		20 minutos
Presentación de reflexiones	Plenario	1 hora
Debate	Plenario	20 minutos
Total		3 horas

Fuente: Elaboración propia.

Análisis normativo y *benchmarking*

Nos encontramos en el ecuador del Laboratorio de transición, en el que ofreceremos una sesión más informativa sobre los principales elementos normativos que nos afectan, así como una revisión de casos de uso de otras organizaciones; es decir, se trata de una sesión que pretende ofrecer una base que nos permita después construir colaborativamente.

Por tanto, la sesión estará dividida en una primera charla explicativa de 45 minutos sobre el contexto normativo que regula la conciliación, los cuidados, la gestión de la vida personal... es decir, la legislación existente en materia de relación entre trabajo y vida personal. La presentación a cargo del delegado en el grupo de trabajo del departamento legal deberá ser dinámica y realizarse en un lenguaje claro que permita y promueva la intervención de los participantes. Una vez finalizada la exposición, cuyo resumen gráfico les será entregado a los participantes, se abrirá un espacio de 15 minutos para preguntar dudas o exponer ideas al respecto.

Una vez realizado el descanso, pasaremos a una segunda fase de una hora en el que se expondrán diversos casos de uso de otras organizaciones del ámbito internacional, desde modelos de empresa a ideas, que nos permitan visualizar diferentes formas de abordar una misma situación. La exposición de casos pretende realizarse de manera dinámica de forma que los participantes vayan opinando de manera fluida.

TABLA 10

PROPUESTA DE PRESENTACIÓN VISUAL

Charla explicativa	Plenario	45 minutos
Debate	Plenario	15 minutos
Descanso		20 minutos
Presentación de casos de uso	Plenario	1 hora
Total		2 horas y 20 minutos

Fuente: Elaboración propia.

Diseño participativo de propuestas. Sesión 1

La primera sesión orientada a la elaboración de unas propuestas que den respuesta a las necesidades identificadas versará sobre la construcción de un modelo de "organización ideal", una organización idílica en la que, sin obviar las necesidades de la empresa, se dé respuesta a la realidad individual y colectiva de los trabajadores.

Para elaborar este diseño participativo, partiremos de las ideas resultantes de la segunda sesión, así como de los mapas construidos en la tercera sesión. Mediante una presentación de 15 minutos, se ofrecerá un resumen de la información recopilada, así como los soportes gráficos que se elaboren y que permitan iniciar la dinámica de diseño.

Dividiremos a los participantes en grupos al azar de 6 personas aproximadamente, para elaborar un primer diseño de la organización ideal para lo cual dispondrán de 20 minutos. Seguidamente se abrirá un plenario en el que cada grupo expondrá de manera breve su organización.

Una vez realizado el descanso, volveremos a dividirnos en los grupos de trabajo para iniciar un proceso de aterrizaje de la organización ideal a propuestas y medidas concretas que se adapten a nuestra realidad social y legal. Cada grupo de trabajo estará enfocado en un área específica, que se decidirán dependiendo del resultado de las dinámicas anteriores (teletrabajo, flexibilidad horaria, cultura organizacional...). Este primer borrador de ideas a elaborar en 30 minutos que se presentará de manera resumida en una sesión plenaria de otros 30 minutos.

TABLA 11

PROPUESTA DE PRESENTACIÓN VISUAL

Resumen de ideas	Plenario	15 minutos
Diseño de "organización ideal"	Grupos	20 minutos
Presentación de diseños	Plenario	50 minutos
Descanso		20 minutos
Diseño de propuestas por áreas	Grupos	30 minutos
Presentación de diseños	Plenario	30 minutos
Total		2 horas y 45 minutos

Fuente: Elaboración propia.

Diseño participativo de propuestas. Sesión 2

En esta segunda sesión de diseño de propuestas, se pretende generar un listado de propuestas o medidas que den respuesta a las necesidades identificadas; una propuesta que servirá de resultado del Laboratorio de transición y guía para la implementación de nuevas medidas o modificación de la cultura organizacional.

Primeramente, realizará una presentación inicial que resuma de manera breve la propuesta de ideas ya elaborada para posteriormente en sesión plenaria debatir sobre cada una de las áreas identificadas generando una propuesta de medidas del Laboratorio de transición. El objetivo versará en generar consensos que permitan su posterior implementación en la organización. Se garantizará la participación horizontal, mediante una dinamización activa y consciente. Cuando se hayan debatido la mitad de las áreas, se realizará un descanso. Como resultado de la dinámica, se obtendrá una serie de propuestas que serán expuestas al conjunto de la plantilla.

TABLA 12

PROPUESTA DE PRESENTACIÓN VISUAL

Presentación inicial	Plenario	20 minutos
Debate de propuestas por áreas	Plenario	1 hora
Descanso		20 minutos
Debate de propuestas por áreas	Plenario	1 hora
Total		2 horas y 20 minutos

Fuente: Elaboración propia.

Proyección y comunicación

La comunicación del Laboratorio de transición se enfoca en proyectar de una manera cercana los objetivos del proyecto junto con los mecanismos de participación ideados; el foco se encuentra en que todas las personas integrantes de la organización sean conscientes de que su participación activa resulta esencial para determinar las mejores propuestas de cara a enfrentarse al reto de generar vidas equilibradas en relación con el trabajo y los cuidados.

Se genera así un grupo de comunicación, conformado por dos personas del grupo de trabajo, encargados de diseñar y planificar la estrategia comunicativa.

En este sentido, se plantea necesario que los trabajadores sean informados de todos los pasos (sesiones, informes, etc.) que se vayan dando en el LAB, de esta manera, nos aseguraremos de: a) informar a toda la plantilla de los próximos eventos o formas de participar, b) atraer a personas escépticas o no movilizadas, c) acercar a personas que hayan empezado participando en las dinámicas, pero que por diversos motivos se hayan desvinculado en algún momento del proceso, y d) acercar las ideas, propuestas, debates que se hayan dado en el marco del LAB al conjunto de la organización.

Siguiendo la estrategia de comunicación planteada, una persona del grupo de trabajo será la encargada de asegurar que todas las personas invitadas a las sesiones reciban un correo de invitación, un correo de recordatorio y un correo de resumen de la sesión. De esta manera, se pretende asegurar que todas las personas se sientan partícipes del proyecto, como elemento también esencial para generar confianza en las medidas propuestas. No se adopta ninguna estrategia externa, porque se valora que no generaría impactos positivos de relevancia. Una vez finalizado el Laboratorio de transición, se evaluará la pertinencia de realizar (o no) una comunicación exterior sobre el proceso realizado o las medidas propuestas.

Sistema de evaluación

Tal y como se menciona anteriormente, el mayor objetivo establecido en este Laboratorio de transición es la participación activa, igualitaria y horizontal, cuyo fruto genere una serie de medidas a implementar para mejorar la calidad de vida de los trabajadores de la organización y equilibrar las responsabilidades de cuidado y el trabajo.

Se deduce la importancia de una evaluación cuantitativa (cuántas personas toman parte), pero también cualitativa (que tipo de participación han tenido las personas que han acudido a las sesiones).

Por tanto, se implementa un sistema de evaluación triple:

- Se van a elaborar y cumplimentar cuestionarios anónimos por cada participante del laboratorio. El objeto de estos cuestionarios resulta obtener información sobre su opinión respecto del proceso, desde el planteamiento hasta la celebración, desde la idea hasta su ejecución.
- Se va a valorar la participación en cuanto al número de personas que toman parte en cada sesión, de acuerdo con los siguientes parámetros:
  - Número de asistentes a cada sesión.
  - Número de asistentes nuevos al proyecto.
  - Número de asistentes desvinculados del proyecto.
  - Porcentaje de participación entre departamentos.
  - Porcentaje de participación entre personas con antigüedad e incorporaciones recientes a la organización.
  - Porcentaje de participación de mujeres y hombres.
  - Porcentaje de participación entre altos cargos y mandos intermedios y subalternos.
- El grupo de trabajo va a elaborar una valoración cualitativa, sobre las aportaciones, reflexiones, propuestas, ideas... obtenidas en la celebración de las sesiones, para evaluar los frutos del proyecto.

Con estos tres elementos, se realizará una evaluación general del proceso, a cargo del grupo de trabajo cuyo resultado permitirá obtener una fotografía del Laboratorio de transición.

FASE DE LAS SESIONES DEL LABORATORIO

Esta fase agrupa el periodo en el que se celebran las sesiones del Laboratorio de transición. Durante el mismo, el grupo de trabajo deberá reunirse cuanto menos una vez a la semana, con el objetivo de valorar la sesión anterior, gestionar las tareas que queden pendientes y plantear ideas, dudas o problemáticas que se hayan generado.

Gestión de la participación

Tal y como se ha ido recogiendo en el diseño de las sesiones, la participación y la dinamización son un elemento esencial del Laboratorio de transición. Las personas que gestionen la dinamización y la participación deberán tener un especial cuidado de identificar situaciones tales como las relaciones de poder, los comentarios despectivos hacia las ideas de los demás, etc. Todo ello en pos de que la participación pueda ser el motor del proceso de reflexión transformadora.

En este sentido, cobran una especial relevancia los espacios plenarios, en el que todos los integrantes del LAB deben tener la oportunidad de tomar parte de manera horizontal y equitativa. En lo que respecta a las dinámicas en grupos, se valora la necesidad de que los integrantes del grupo de trabajo se distribuyan entre ellos para realizar esta labor de gestión de la participación, que se estima de menor intensidad en comparación con el plenario, pero igualmente elemental.

En tanto en cuanto la participación se establece como elemento esencial, el grupo de trabajo introducirá un espacio de valoración de este después de cada sesión; una valoración cuyo resultado pueda dar lugar a medidas a implementar si se estima necesario.

Recopilación de la información

La información que se vaya generando durante la celebración de las sesiones, resulta crucial para la elaboración del informe final y para llevar a buen término el Laboratorio de transición. En este caso, se valora inapropiado la grabación de las sesiones por dos motivos: generaría una cantidad desmesurada de datos e impediría en algunos casos la participación, dado que se prevé que en ciertos momentos se interpelen situaciones personales confidenciales o privadas.

Teniendo esto en cuenta, se estima necesaria la elaboración de un acta de sesión que recoja de manera fidedigna las ideas, reflexiones, debates, consensos y discusiones que se ocasionen en el Laboratorio de transición. Esta acta, se utilizará junto con el resto de los resúmenes o apuntes que se elaboren para realizar el informe final. No se digitalizarán los datos ni se utilizarán para otro fin distinto y se destruirá a los seis meses de que se dé por concluido el Laboratorio de transición.

Replanteamiento del LAB

En lo que respecta al replanteamiento del Laboratorio de transición, las sesiones no han sufrido modificaciones. Por el contrario, se han adoptado medidas en lo que respecta a la participación de dos colectivos.

Los trabajadores que conforman dos colectivos concretos (mujeres jóvenes y trabajadores subalternos) son un número importante de los participantes de las sesiones y, sin embargo, su participación activa en cuanto a propuestas o ideas resultantes de las dinámicas resulta sumamente menor.

Habiendo detectado por parte de la dinamización la problemática, se han implementado mecanismos para fomentar su participación, tanto en sesiones plenarias como en los grupos reducidos; sin embargo, estos mecanismos no han generado impacto significativo alguno.

Por ello, se decide en el grupo de trabajo modificar un aspecto concreto de las dinámicas: los grupos de las sesiones en la tercera y quinta sesión se conformarán de acuerdo con el perfil de los participantes, generando así grupos focales que aseguren que los colectivos identificados tengan voz y representación en los resultados. Se pretende de esta manera empoderar a los participantes mediante la generación de espacios en los que se sientan mejor escuchados o menos juzgados.

Si bien, se valoran los inconvenientes que esta segmentación genera (ausencia de reflexión colectiva desde las realidades diversas de la organización), se concluye más beneficioso que perjudicial, habida cuenta de que los numerosos espacios de reflexión en plenario servirán para cubrir estas necesidades.

FASE DE EVALUACIÓN

Una vez terminadas las sesiones del Laboratorio de transición, hemos de elaborar una evaluación de esta, de acuerdo con los parámetros establecidos en la fase de preparación. Igualmente, esta fase de evaluación deberá de ser la responsable de construir el informe final que recoja las propuestas de medidas para afrontar el reto de nuestro LAB.

Este informe, deberá ser comunicado a la dirección de la organización, a los participantes del Laboratorio de transición junto a la totalidad de la plantilla.

SUGERENCIAS DE LECTURA

Entsalo, H. *et al.* (2023): "Analyzing regulatory instruments in sustainability transitions: A combined 'intervention points' and 'roles of law' approach to the European Union's Ecodesign framework", *Sustainable Production and Consumption*, vol. 42, pp. 125-137, https://n9.cl/1lb6j.

Harris, D. M. y McCarthy, J. (2023): "A just transition to what, for whom, and by what means? Transition technology, carbon markets, and an Appalachian coal mine", *Energy Research and Social Science*, vol. 106, nº 103307, https://n9.cl/foot4.

Larsson, J. y Holmberg, J. (2018): "Learning while creating value for sustainability transitions: The case of Challenge Lab at Chalmers University of Technology", *Journal of Cleaner Production*, vol. 172, pp. 4411–4420, https://n9.cl/j249y4.

Martiskainen, M. y Sovacool, B. K. (2021): "Mixed feelings: A review and research agenda for emotions in sustainability transitions", *Environmental Innovation and Societal Transitions*, vol. 40, pp. 609–624, https://n9.cl/2k8xw.

McCrory, G. *et al.* (2020): "Sustainability oriented labs in real-world contexts: An exploratory review", *Journal of Cleaner Production*, vol. 277, nº 123202, https://n9.cl/sty5z.

McPhearson, T. *et al.* (2021): "Radical changes are needed for transformations to a good Anthropocene", *Urban Sustain* vol. 1, nº 5, https://n9.cl/8nm8s.

Mukama, M. *et al.* (2022): "Development of living labs to support gendered energy technology innovation in poor urban environments", *Technology in Society*, vol. 68, nº 101850, https://n9.cl/yrvix.

Williams, S. y Doyon, A. (2020): "The Energy Futures Lab: A case study of justice in energy transitions", *Environmental Innovation and Societal Transitions*, vol. 37, pp. 290-301, https://n9.cl/osmus6.

Zepa, I. y Hoffmann, V. H. (2023): "Policy mixes across vertical levels of governance in the EU: The case of the sustainable energy transition in Latvia", *Environmental Innovation and Societal Transitions*, vol. 47, nº 100699, https://n9.cl/lxocjp.

REFLEXIÓN FINAL

Como hemos abordado a lo largo de este volumen, la incorporación del concepto de transición justa en marcos normativos y estratégicos ha representado un avance epistémico muy significativo. La transición justa se basa en el reconocimiento de que los impactos del cambio climático y las respuestas a este no son neutrales, de la misma manera que no lo es la tecnología que la sustenta, si bien afectan de manera desigual a diferentes grupos, especialmente a las poblaciones más vulnerables. Por lo tanto, un verdadero marco integrado va a hacer hincapié en la necesidad de medidas correctivas que aborden estas desigualdades y promuevan una distribución equitativa de los costos y beneficios de la transición.

Hemos visto que la transversalización ética nos ha permitido no solo construir capacidades y reflexionar críticamente, sino transitar desde una aproximación de no maleficencia en términos de no causar daño hacia la construcción de capacidades en los sistemas sociales y ambientales para restaurar, prosperar y preparar a las generaciones futuras para esta transición.

Pero una reflexión crítica revela que lo "justo" permanece subordinado a la "transición" como objeto prioritario en las lógicas de la transición, ya que la transición constituye el sustantivo —el concepto nuclear— mientras que la justicia funciona como adjetivo —atributo secundario y contingente—. Esta jerarquía conceptual tampoco es neutral, ya que determina que los imperativos de transformación estructural prevalezcan sistemáticamente sobre las consideraciones de equidad, reparación y derechos. Por tanto, resulta imperativo detallar, determinar y concretar qué entendemos por justicia en estos procesos, dotándola de contenido sustantivo y no meramente decorativo.

De forma muy destacable también, este volumen ha reflexionado en torno a la narrativa dominante sobre la transición socioecológica que postula la posibilidad de compatibilizar el crecimiento económico, desarrollo tecnológico y sostenibilidad ambiental, pero que, sin embargo, enfrenta un dilema fundamental: estas tres aspiraciones no son conciliables simultáneamente bajo los parámetros actuales de organización económica y además cada una contiene límites internos que las autolimitan.

En este sentido, en el ámbito empresarial, la transición justa ha de implicar una conducta responsable que respete los derechos humanos y laborales, conforme a principios y directrices internacionales. Las empresas son llamadas a desempeñar un papel proactivo en la transición, no solo para mitigar los riesgos y costos, sino también para aprovechar las oportunidades de innovación y desarrollo sostenible que la acción climática ofrece. La integración de estrategias financieras y tecnológicas y de transformación que subrayan la transición es un aspecto crucial para la resiliencia y la productividad empresarial a largo plazo, pero como hemos abordado a lo largo de este volumen, va a requerir de profundo cambios estructurales y visiones en la que la función principal de la actividad económica sea el bienestar humano y se eliminen los prejuicios de procesos como el poscrecimiento.

Otra de las cuestiones para tener en cuenta ha sido los procesos de responsabilidad y la gestión ética de daños, así como la necesidad de establecer los mecanismos de corresponsabilidad en la reparación. Todo proceso social genera ganadores y perdedores. Aunque no puede resarcirse completamente a los perjudicados, se requiere corresponsabilidad en la reparación y analizar la concepción del daño.

Pero esta corresponsabilidad exige realizar un análisis riguroso de la concepción del daño en el momento mismo de la ejecución de las políticas transformadoras, con preguntas como: ¿Qué se considera daño reparable y qué se naturaliza como "coste necesario" del progreso? ¿Quién define estos umbrales y mediante qué procedimientos? ¿Cómo se distribuyen socialmente los costes de la transición y según qué criterios de justicia?

A lo largo del volumen y en especial en el capítulo 4, se ha abordado la necesidad de abrir los espacios de participación genuinamente, hecho que refuerza la idea de que la caracterización convencional de los actores involucrados en la transición requiere una actualización crítica, ya que no basta con identificar actores principales (gobiernos, empresas, sindicatos) y actores contextuales (ciudadanía, organizaciones sociales); siendo necesario visibilizar y priorizar a los actores excluidos que, por diversas razones estructurales, permanecen marginados de los procesos de decisión.

Defendemos, que una transición justa requiere participación de sectores históricamente ignorados, pero la participación no garantiza automáticamente que la misma se lleve a cabo desde la justicia. Se deberá, por tanto, añadir explícitamente dentro del reconocimiento de agentes a aquellos excluidos por razones estructurales cuya participación resulta clave para que la transición sea efectivamente justa. Por ejemplo: quienes no pueden ser consumidores por carecer de recursos económicos, comunidades sin acceso a infraestructuras digitales, trabajadores informales sin representación sindical, poblaciones migrantes sin derechos políticos plenos, o conocimientos tradicionales no codificados académicamente.

AGRADECIMIENTOS

Este volumen no habría sido posible sin el apoyo institucional de la Universidad de Deusto, el apoyo financiero prestado por la Diputación Foral de Gipuzkoa, a través del proyecto TRANSITAS, promovido y financiado por la Diputación Foral de Gipuzkoa en el marco de la convocatoria 2023 de las subvenciones del Programa para promover la transición ecológica, sostenible y justa en el tejido empresarial y el ecosistema socioeconómico.

Las aportaciones de las personas que a continuación se indican también han sido claves. Pedro Manuel Sasia Santos, investigador sénior y profesor del Centro de Ética Aplicada de la Universidad de Deusto (UD); Galo Bilbao Alberdi, investigador sénior y profesor del Centro de Ética Aplicada de la Universidad de Deusto (UD); Francisco Javier Martínez Contreras, Investigador sénior y profesor y director del Centro de Ética Aplicada de la Universidad de Deusto (UD); Felix Arrieta Frutos, investigador asociado al proyecto, profesor y vicedecano de Relaciones Internacionales y estudios de postgrado de la Universidad de Deusto (UD).

Agradecer el apoyo en la contextualización de los marcos integrados a los investigadores Iñigo Puertas Paz, Ekhi Atutxa Ordeñana y Jon Olaizola Alberdi, sin los que este volumen no habría sido posible y a los expertos consultados, Itxasne Martínez Ojinaga, Red DenBBora Sarea; Jon Bernat Zubiri, Euskal Herriko

Unibertsitatea, Mari Luz de la Cal, Euskal Herriko Unibertsitatea, y Miguel de Andrés Frías, de la empresa Hortelanos.

De forma muy relevante las autoras quieren agradecer, los aportes de los participantes en el Laboratorio de transición TRANSITAS, promovido y financiado por la Diputación Foral de Gipuzkoa: Jon Ander Arzallus Galparsoro, director de Innovación en Gureak; Libe Bastida Larrea, técnica de emprendimiento en ASLE; Ana Belén Juaristi, gerente en Engranajes Juaristi; Ana Boto Sánchez, responsable de Análisis y Estudios en Adegi; Cinta Lomba Fernández, investigadora área sostenibilidad en Basque Culinary Centre Innovation; Santiago Ochoa de Eribe, director de Goiener; Oihana Blanco Mendizabal, responsable de Políticas de Innovación en Innobasque; Nagore Manzano Rodríguez, técnica del Servicio de promoción económica de la Diputación Foral de Gipuzkoa; Chris Merveille, responsable de Proyectos de Investigación e Innovación Europea en European Research and Innovation Projects; Goiener Anaut Frantz Patterson, CEO en Algaloop; Mentxu Baldazo, Sustainable Competitiveness Manager en Irizar y Begoña Puras, técnica de Empleo en Bidasoa activa. Igualmente, las autoras quieren agradecer a la comunidad de aprendizaje Directica de la Universidad de Deusto por el contraste de los muchos de los puntos abordados en este libro y su aporte desde la cultura organizacional.

Las opiniones expresadas en este volumen de la colección son las de las autoras y no representan necesariamente las opiniones de los expertos, participantes o colaboradores que han dado lugar a este trabajo. Tampoco expresan las opiniones de las empresas y organizaciones de las que forman parte. Igualmente, las reflexiones que se encuentran en este documento no representan las opiniones de la Diputación Foral de Gipuzkoa o la Universidad de Deusto. Estas instituciones no garantizan la exactitud de las opiniones, pero sí la precisión y rigor de las metodologías utilizadas para generar este marco de discusión.

Muchas gracias.

SOBRE LAS AUTORAS

Ruth Carbajo García

Doctora en Ingeniería, investigadora y docente. Su experiencia se ha centrado en la innovación responsable y sinergias tecnología-sociedad. Actualmente forma parte del Centro de Ética Aplicada de la Universidad de Deusto, donde participa junto con sus compañeros en las líneas de investigación de ética organizacional y de la tecnología. Sus investigaciones más recientes se centran en el estudio de las implicaciones y significados de los enfoques de los procesos de transformación energéticos y digitales bajo el paradigma de la transición justa. Paralelamente, ha desarrollado una carrera profesional con varios años de experiencia internacional como gestora de iniciativas estratégicas y consultoría en el área de Energía, educación STEM y divulgación científica.

Itziar Galparsoro Manterola

Doctoranda en derecho, investigadora y abogada. Su trayectoria se caracteriza por un enfoque interdisciplinar que articula el análisis jurídico con la ética aplicada y la transformación social. Su investigación doctoral analiza cómo impacta la digitalización y la recopilación masiva de datos en los derechos individuales y colectivos, proponiendo marcos que refuercen la protección jurídica ante nuevos escenarios globales. Colabora activamente con el Centro de Ética Aplicada de la Universidad de Deusto, participando en proyectos orientados a comprender y promover la transición justa que afronte los retos éticos, regulatorios y organizacionales que emergen de estos procesos de transformación.

Mª Nuria González Rubio
Licenciada en Psicología por la Universidad de Deusto, posee un MBA por Wayne State University y un MSc en Teoría Política Internacional por la Universidad de Edimburgo. Actualmente es doctoranda en el Centro de Ética Aplicada de la Universidad de Deusto, donde investiga el liderazgo relacional y la ética del cuidado aplicados a organizaciones en proceso de transformación digital. Su trayectoria profesional se ha desarrollado en el ámbito de la acción humanitaria, desempeñándose en la dirección de proyectos y la coordinación de equipos en contextos afectados por desastres de origen humano y natural.